CARMÉZIA EMILIANO

MASP
MUSEU DE ARTE
DE SÃO PAULO
ASSIS CHATEAUBRIAND

Organização editorial e curadoria
[Edited and curated by]
Amanda Carneiro

Textos
[Texts by]
Amanda Carneiro
Denilson Baniwa
Ilana Seltzer Goldstein

Distribuição internacional
[Distributed internationally by]
KMEC Books
Artbook | D.A.P.

Patrocinador [Sponsor]

Lefosse

CARMÉZIA EMILIANO

A ÁRVORE DA VIDA

THE TREE OF LIFE

Sumário

Contents

CARMÉZIA EMILIANO no MASP

É um privilégio para o Museu de Arte de São Paulo Assis Chateaubriand (MASP) organizar a primeira mostra individual de Carmézia Emiliano, artista macuxi pioneira no cenário brasileiro contemporâneo, e editar o primeiro livro monográfico dedicado a sua obra. Com Emiliano, que trabalha desde a década de 1990 em Roraima, o museu vem desenvolvendo uma relação iniciada em 2018; naquele ano ela realizou uma oficina no MASP no contexto do seminário dedicado às *Histórias das mulheres, histórias feministas*. Desde então, o museu adquiriu quatro de suas pinturas, todas comissionadas à artista por ocasião de diferentes projetos: *Aprendendo* (2020) [img. 61], dentro do projeto Art School com o Afterall, centro de pesquisa da University of the Arts London; *Parixara* (2020) [img. 47], feita especialmente para o projeto *Histórias da dança* no MASP em 2020 e reproduzida naquele livro; *Wazaká — Árvore da Vida* (2022) [img. 29] e *Eu* (2022) [img. 44], encomendadas para a mostra *Histórias brasileiras* e expostas no museu em 2022 e também reproduzidas naquele catálogo. Esperamos que esta exposição e este livro possam ampliar e aprofundar o conhecimento sobre a obra de Carmézia Emiliano, provocando novas conexões e reflexões sobre sua produção.

Essa exposição reúne 34 obras de Emiliano, incluindo 7 pinturas inéditas produzidas para a mostra, que está inserida em um ano inteiro dedicado às *Histórias indígenas*. Nesse período, a programação do museu abarca uma grande exposição coletiva internacional denominada *Histórias indígenas* e exposições individuais do Movimento dos Artistas Huni Kuin (Mahku), de Paul Gauguin (1848-1903), de Sheroanawe Hakihiiwe, de Melissa Cody e da Coleção MASP Landmann de arte pré-colombiana, além de mostras de vídeo ao longo do ano do Coletivo Bepunu Mebengokré, de Sky Hopinka, de Brook Andrews, de Glicéria Tupinambá e Alexandre Mortágua e de Cecília Vicuña.

Somos profundamente gratos à Carmézia Emiliano por todo o trabalho e dedicação para esse projeto e para as diversas parcerias que desenvolvemos com ela desde 2018. Essa mostra, que leva o título de uma de nossas pinturas, *Carmézia Emiliano: a árvore da vida*, é curada por Amanda Carneiro, curadora assistente, MASP, que também organizou este volume; a ela expressamos nossa sincera gratidão. Muito obrigado aos autores que, além de Carneiro, escreveram novos textos especialmente para esta publicação: Denilson Baniwa e Ilana Seltzer Goldstein. Agradecemos

CARMÉZIA EMILIANO at MASP

It is a privilege for the Museu de Arte de São Paulo Assis Chateaubriand (MASP) to organize the first solo exhibition of Carmézia Emiliano, a pioneering Macuxi artist in the contemporary Brazilian scene, and to publish the first monographic book dedicated to her work. With Emiliano, who has been working in Roraima since the 1990s, the museum has been developing a relationship that started in 2018; that year she held a workshop at MASP in the context of the seminar dedicated to *Women's Histories, Feminist Histories*. Since then, the museum has acquired four of her paintings, all commissioned to the artist on the occasion of different projects: *Aprendendo* [Learning] (2020) [img. 61], within the Art School project with Afterall, a research center at the University of the Arts London; *Parixara* (2020) [img. 47], made especially for the *Histories of Dance* project at MASP in 2020 and reproduced in that book; *Wazaká — Árvore da Vida* [Wazaká—Tree of Life] (2022) [img. 29] and *Eu* [I] (2022) [img. 44], commissioned for the show *Brazilian Histories* and exhibited at the museum in 2022 and also reproduced in that catalogue. We hope that this exhibition and this book may broaden and deepen knowledge about the work of Carmézia Emiliano, provoking new connections and reflections on her visual art production.

This exhibition brings together 34 works by Emiliano, including 7 new paintings produced for the exhibition, and is part of an entire year dedicated to *Indigenous Histories*. During this period, the museum's program includes a large scale international group exhibition titled *Indigenous Histories* and solo exhibitions by the Movimento dos Artistas Huni Kuin [Huni Kuin Artists Movement] (Mahku), Paul Gauguin (1848–1903), Sheroanawe Hakihiiwe, Melissa Cody, and the MASP Landmann Collection of pre-Columbian art, as well as video exhibitions throughout the year by the Bepunu Mebengokré Collective, by Sky Hopinka, by Brook Andrews, by Glicéria Tupinambá and Alexandre Mortágua, and by Cecília Vicuña.

We are deeply grateful to Carmézia Emiliano for all her work and dedication towards this project and for the various partnerships we have developed with her since 2018. This exhibition, which borrows the title from one of our paintings, *Carmézia Emiliano: The Tree of Life*, is curated by Amanda Carneiro, assistant curator, MASP, who also edited this volume; to her we express our sincere gratitude. Many thanks to the authors who, in addition to Carneiro, wrote new texts especially for this publication: Denilson Baniwa and Ilana Seltzer Goldstein. We would also like to thank Edson Queiroz, Kássia Borges Karajá, também a Edson Queiroz, Kássia Borges Karajá e Renata Tupinambá, curadores adjuntos de arte indígena do MASP, que escreveram uma apresentação para os livros do ciclo *Histórias indígenas* no museu em 2023. Muito obrigado a Bruna Sade, que concebeu o projeto gráfico deste catálogo, assim como a Karen Marta e Todd Bradway, da Kmec Books, em Nova York, que colaboram conosco em todas nossas publicações e em sua distribuição internacional, através da Distributed Art Publishers (D.A.P.).

Nossa gratidão a todas as equipes do museu que trabalham em diferentes etapas e aspectos, contribuindo para o sucesso do projeto — em particular àquelas que mais diretamente se dedicam à construção da exposição e deste livro: as equipes de produção, comandada por Marina Moura, e editorial, coordenada por Carol Ribas. Também gostaríamos de agradecer ao Augusto Luitgards pela interlocução com o museu e com a artista e pelos generosos empréstimos. A mostra não seria possível sem o apoio de colecionadores e instituições que emprestaram obras de Carmézia Emiliano para o projeto: Juliana Siqueira de Sá e Manuela Ferraz, Mônica e Fábio Ulhoa Coelho, Pinacoteca do Estado de São Paulo, Museu do Sol e Central Galeria, além daqueles que preferiram se manter no anonimato.

Por fim, muito obrigado a Lefosse Advogados pelo patrocínio da exposição e do livro que o acompanha, bem como ao Itaú, nosso parceiro estratégico que nos apoia em todas as atividades do museu durante o ano.

Heitor Martins
diretor-presidente, MASP

Adriano Pedrosa
diretor artístico, MASP

and Renata Tupinambá, Curators-at-Large of Indigenous Art at MASP, who wrote a foreword for the books to be published the framework of the *Indigenous Histories* cycle at the museum in 2023. Many thanks to Bruna Sade, who conceived the graphic design for this catalogue, as well as Karen Marta and Todd Bradway of Kmec Books in New York, who collaborate with us on all our publications and their international distribution through Distributed Art Publishers (D.A.P.).

Our gratitude to all the museum teams that work in different stages and aspects, contributing to the success of the project—in particular those that are more directly dedicated to the construction of the exhibition and this book: the production teams, led by Marina Moura, and editorial, coordinated by Carol Ribas. We would also like to thank Augusto Luitgards for the dialogue with the museum and the artist and for his generous loans. The show would not have been possible without the support of collectors and institutions that lent works by Carmézia Emiliano to the project: Juliana Siqueira de Sá and Manuela Ferraz, Mônica and Fábio Ulhoa Coelho, Pinacoteca do Estado de São Paulo, Museu do Sol, and Central Galeria, in addition to those who chose to remain anonymous.

Finally, many thanks to Lefosse Advogados for sponsoring the exhibition and the book that accompanies it, as well as to Itaú, our strategic partner who supports us in all the museum's activities during the year.

Heitor Martins
President Director, MASP

Adriano Pedrosa
Artistic Director, MASP

Artes indígenas no MASP: inclusão e representatividade

Vivemos, no Brasil, um momento histórico em que há um enérgico movimento na arte contemporânea, com uma enorme visibilidade das artes e dos realizadores indígenas, fruto do trabalho ao longo de uma história de lutas que vêm abrindo caminhos para as próximas gerações. Esse período em ebulição acontece em vários países, com artistas e curadores pertencentes a diferentes povos e culturas.

O genocídio e o racismo estrutural geram perdas, mas não matam os sonhos indígenas, que respiram e ganham vida na arte originária de diferentes etnias e com diferentes narrativas. Os artistas indígenas brasileiros têm se articulado com produções e criações singulares e potentes, que não passarão despercebidas pelo mundo. A mudança proposta é pensar um mundo menos ocidentalizado, em favor de histórias da arte mais abrangentes, com outros olhares, um mundo onde caibam muitos outros sujeitos, que seja menos branco, menos europeu e menos patriarcal. Que honre suas matrizes!

Sabemos que essas produções indígenas representam a essência ancestral deste solo, que recebeu o nome de "Brasil", sendo invisível por muito tempo por causa da valorização da visão eurocêntrica. Desde 2016, o Brasil se despiu do seu lado humano e abriu de forma extrema as portas para o aumento do genocídio, do racismo e de todas as formas de violência, junto de preconceitos, aumento de assassinatos e desfalques, sem nenhum pudor ou constrangimento. Parece que se abriu a caixa de Pandora para mostrar as mais perversas atrocidades movidas pela intolerância e falta de consciência. A arte é também cura, voz, resistência e testemunho do povo brasileiro.

Estamos em um momento fértil, com novas práticas museológicas e curatoriais. Museus têm necessitado se atualizar, pensando diferentes práticas de inclusão e mostrando a produção indígena não como um campo especializado e cheio de estereótipos, mas introduzindo um debate sobre a arte contemporânea e os conflitos do mundo multiplural, fragmentado e em crises ecológicas e humanas.

Algumas políticas museológicas vêm sendo pensadas e aplicadas nas mais importantes instituições de artes pelo mundo, a fim de despertá-las para uma mudança de comportamento necessária, que venha ao encontro da luta dos movimentos sociais antirracistas, na tentativa de romper estigmas e promover maior inclusão e representatividade da arte indígena. Nesse caminho, os museus e os profissionais que neles atuam vêm implementando novas práticas, dialogando com as artes originárias e criando espaços específicos para a atuação de curadoras/es indígenas.

O Museu de Arte de São Paulo Assis Chateaubriand (MASP) dedica o ano de 2023 como parte dos

Indigenous Arts at MASP: Inclusion and Representation

In Brazil, we are living in a historic moment, in which there is an energetic movement in contemporary art towards enormous visibility for Indigenous arts and creators—the fruit of the labor of the struggles of many people, who have long been paving the way for the next generations. This ebullient period is now taking place in several countries, in collaboration with artists and curators from many different peoples and cultures.

Genocide and structural racism generates losses, but do not kill Indigenous dreams, which breathe and come to life in art originating from many different ethnic groups and their differing narratives. Brazilian Indigenous artists have been articulating and realizing unique and powerful creations, which will not go unnoticed by the world. Art institutions are responding to a collective desire for a less Westernized world, in favor of more comprehensive art histories that arise from other gazes; a world where many other subjects fit and that is less white, less European, and less patriarchal. A world that honors its matrices!

We know that these Indigenous creations and artworks represent the ancestral essence of this land now known as "Brazil," which was invisible for a long time due to the value placed upon Eurocentric views. Since 2016, Brazil has stripped itself of its human side and has fostered conditions for an increase in genocide, racism, and all forms of violence, along with prejudice, and a rise in murders and defalcation; without shame or embarrassment. It seems that Pandora's box has now been opened to reveal that the most perverse atrocities of today are the consequence of intolerance and lack of conscience. Art is also the healing, voice, resistance, and testimony of the Brazilian people.

We are in a fertile moment, in which new museological and curatorial practices are being put into practice. Museums are updating themselves, thinking inclusion and displaying Indigenous art not as a specialized field that fulfills stereotypes, but as creative work that instigates debate about the role of contemporary art and the conflicts of a multiple, plural, fragmented world and its ecological and human crises.

Museological policies are being conceived and applied in the most important art institutions around the world in order to awaken them to a necessary change in behavior, which rise to meet the spirit and intentions of the struggle of anti-racist social movements, in an attempt to overcome stigmas and promote greater inclusion and representation for Indigenous art. In this sense, museums and the professionals who work in them have been implementing new practices, dialoguing with native arts, and creating specific spaces for the work of Indigenous curators.

desdobramentos de uma programação que vem sendo apresentada durante os últimos anos, no intuito de estabelecer diálogos interculturais e respeito à pluralidade artística, questionando a história oficial e mostrando outros pontos de vista sobre os apagamentos e a equidade social. O ano de *Histórias indígenas* conta com exposições de artistas como Carmézia Emiliano, da etnia Macuxi, o Movimento dos Artistas Huni Kuin, Sheroanawe Hakihiiwe, do povo Yanomami, Melissa Cody, artista navajo; além das Salas de Vídeo com trabalhos Brook Andrews, Cecília Vicuña, Coletivo Bepunu Mebengokré, Glicéria Tupinambá e Alexandre Mortágua e de Sky Hopinka, bem como a mostra do Comodato MASP Landmann de cerâmicas e metais pré-colombianos e *Histórias indígenas*, com uma curadoria indígena coletiva, que vem abrindo caminhos e possibilitando outros olhares, debates e, consequentemente, mudanças de atitudes. Como uma peça importante para o novo tempo, o projeto apresentado no MASP também instiga e proporciona ao público repensar sua ancestralidade. Um público que olhe no espelho e veja o verdadeiro rosto de um país pluriétnico.

A sociedade brasileira precisa conhecer outras histórias para além da versão que silencia os nossos povos. Para isso, é necessário que os espaços institucionalizados, como museus, galerias e universidades, se abram para revelar vários outros aspectos de sua estética. O padrão dos espaços eurocêntricos contaminou a visualidade e nela abasteceu os repertórios imagéticos etnocêntricos. A visualidade indígena é construída a partir de relações coletivas, entre o processo de interpretar e significar. É imensamente importante que os museus e os artistas indígenas discutam esse momento político e social que estamos vivendo e escrevam juntos outras histórias, protagonizadas pelos povos originários.

Acreditamos que as artes dos povos originários, em sua essência e diversidade, trazem uma riqueza material e imaterial de difícil compreensão para os não indígenas, as cosmopolíticas ancestrais apontadas pelos artistas indígenas, que ao invés de ser apenas sobre uma "arte contemporânea", nomenclatura usada para chamar atenção do público, seriam suas cosmopolíticas, trazendo ferramentas de existência e sobrevivência que não permitem deixar cair o céu, em que os mundos não possuem fim, mas são toda defesa da vida que existe. Pensar além do vocabulário e lógica das instituições ocidentais é necessário. Arte é também encantaria para manter "o leito dos sonhos preservados", vivos, como compromisso para as próximas gerações, como diria Ailton Krenak. Os próximos continuarão a tecer suas identidades, herança dos antepassados, chave para seus mundos, filosofias e cosmologias que para sempre vão viver.

Edson Kayapó, Kássia Borges Karajá e Renata Tupinambá
curadores-adjuntos de arte indígena, MASP

The Museu de Arte de São Paulo Assis Chateaubriand (MASP) dedicates the year 2023 to a further unfolding of a program that has been underway at the museum over the last few years, that has prioritized intercultural dialogues and respect for artistic plurality, questioned the official history, and shown other points of view on erasure and social equity. This dedicated year of *Indigenous Histories* features exhibitions by artists such as Carmézia Emiliano, from the Macuxi ethnic group; the Movimento dos Artistas Huni Kuin [Huni Kuin Artists Movement]; Sheroanawe Hakihiiwe, from the Yanomami people; Melissa Cody, a Navajo artist; films in the Video Room by the Bepunu Mebengokré Collective; Brook Andrews; Cecília Vicuña; Glicéria Tupinambá and Alexandre Mortágua; and Sky Hopinka; and includes an exhibition of the MASP Landmann Collection of pre-Columbian ceramics and metals. *Indigenous Histories*, organized under a collective Indigenous curatorship, paves the way for Indigenous art in institutions, and enables other gazes, debates, and, consequently, changes in attitudes. As an important contribution to this new era, *Indigenous Histories* enlists the public with the task of rethinking their ancestry, encouraging our audience to look in the mirror and see the true face of a multiethnic country.

Brazilian society needs to know other histories beyond those that silence our peoples. This requires institutionalized spaces, such as museums, galleries, and universities, to become open to Indigenous systems of knowledge and to allow for a transformation of their aesthetics. The ubiquity of Eurocentric spaces has contaminated visuality and fed into the continued expansion of ethnocentric repertoires of images. Indigenous visuality is constructed through collective relations, in the process of interpreting and assigning meaning. It is immensely important for museums and Indigenous artists to discuss this political and social moment we are living in and to collectively write other histories, led by native peoples.

We believe that the art of native peoples, in essence and in its diversity, generates both material and immaterial wealth that can be difficult for non-Indigenous people to understand. Indigenous artists bring ancestral cosmopolitics to life; their work is not merely "contemporary art"—a term often utilized only to capture the attention of the public. Indigenous art offers tools of existence and survival that do not allow the sky to fall down, and in which all the worlds have no end, but are all acting in the defense of all life that exists. It is necessary to think beyond the vocabulary and logic of Western institutions. Art is also an enchantment that works to keep "the bed of preserved dreams" alive in a commitment to the next generations, as Ailton Krenak puts it. The people to come will continue to weave their identities, the inheritance of the ancestors, the keys to their worlds, philosophies, and cosmologies that will live forever.

Edson Kayapó, Kássia Borges Karajá, and Renata Tupinambá
Curators-at-Large of Indigenous Art, MASP

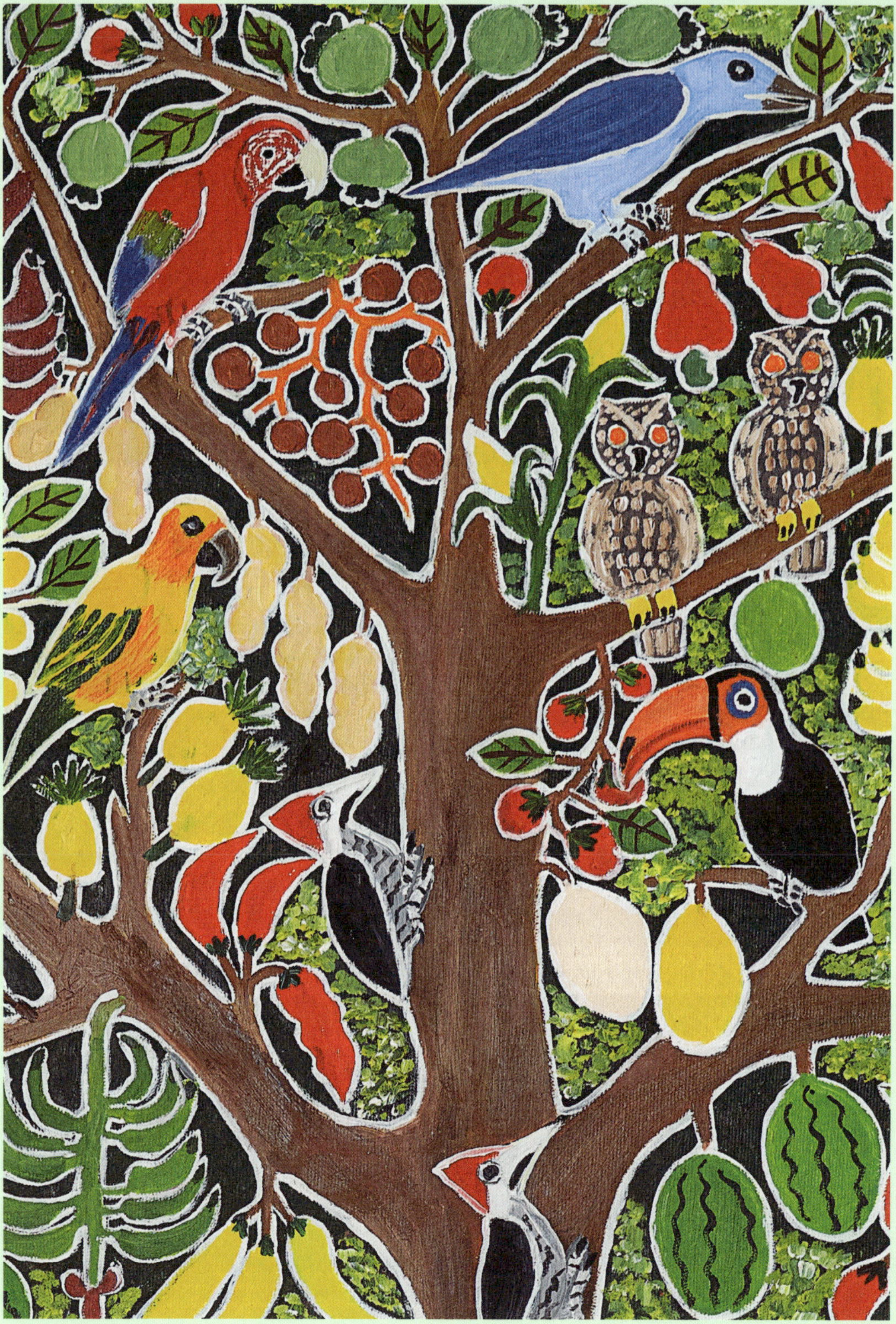

1

CARMÉZIA EMILIANO: A ÁRVORE DA VIDA

Amanda Carneiro

CARMÉZIA EMILIANO: THE TREE OF LIFE

No desafio de recriar sua própria imagem, o primeiro autorretrato realizado por Carmézia Emiliano é também um feito que evidencia como figuras indígenas são pouco vistas nesse gênero da pintura e na história da arte.[1] Autorretratos são maneiras memoriosas de registrar presença ao mesmo tempo que revelam concepções particulares de ação criativa. Em *Eu* (2022) [img. 2], a artista se coloca duplamente no centro, do quadro e de sua comunidade. Vestida de azul e adornada com adereços confeccionados com as tão características plumas, sementes e contas, o que de fato chama a atenção é o tom de sua pele. De um laranja vivo, como geralmente são pintadas suas personagens, a cor remete ao uso do urucum ou do carajuru, plantas nativas da América tropical, muito popular entre indígenas brasileiros como fonte de matéria-prima para usos variados, entre eles de protetor solar. Seu semblante é atento à tela que pinta, esta posicionada ao ar livre em um tradicional cavalete de madeira, na qual se vê o registro do monte Roraima. Localizado na tríplice fronteira entre Brasil, Venezuela e Guiana, onde também reside a população macuxi de que a artista faz parte, o monte Roraima é tema recorrente na obra de Emiliano.

O jogo entre os quadros, o da artista e o de seu objeto, aponta ainda elementos que lhe são recorrentes, como sua característica composição pictórica em que a faixa superior da pintura, sempre menor, é lugar de um céu azul vibrante, que emoldura vidas em comunidade ou elementos da natureza. Ao seu redor, sinalizando o que a constitui, estão representadas inúmeras malocas interconectadas por trilhas e coadunadas à mesma natureza. A figura de seu quadro não devolve o olhar ao espectador, mas o mantém dirigido ao seu tema e ofício. Algo espreita a margem entre quem vê e o que é visto: o "eu" que indica a presença da artista dentro da imagem também projeta um "você" fora dela, numa dinâmica entre identidade e distinção. A despeito dos muitos outros elementos enunciativos de seu pertencimento indígena além de sua própria imagem, esse não é um registro ao sabor antropológico. Por isso, não se deve recair na crença da autorrepresentação como única maneira de apreensão, retirando do autorretrato de Emiliano e de outras obras suas a estimulante possibilidade de leituras mais plurais, comparativas e complexas: o quadro é a maneira como a artista se vê e ao mesmo tempo intenta algo que ela quer que seja visto.

1.
Carmézia Emiliano
Wazaká—Árvore da Vida
[Wazaká—Tree of Life]
(detalhe [detail]), 2022
img. 29

À medida que o gênero do autorretrato evoluiu e a mídia se pluralizou, igualmente mudaram as atitudes em relação à noção do que significava ser artista. O trabalho de Emiliano é, por exemplo, distinto do conceito romântico que o século 19 viu surgir, que dava ênfase à contemplação de uma subjetividade interior e a uma individualidade apartada da natureza em que,

Set as a challenge to recreate her own image, Carmézia Emiliano's first self-portrait exposes how rarely Indigenous figures are seen in this genre of painting and in art history.[1] Self-portraits are a memorable way of recording one's presence whilst revealing specific conceptions within the creative act. In *Eu* [I] (2022) [img. 2], the artist places herself doubly in the center: of the painting and of her own community. Wearing blue and accessories characteristically made of feathers, seeds, and shells, the one detail that really draws attention is the tone of her skin. As a vibrant orange, which she typically uses to paint her characters, the color suggests the use of annatto or *carajuru*, both native plants from the tropical Americas, which are very popular amongst Brazilian Indigenous peoples as a raw material for myriad purposes, including sun protection. Her semblance indicates that her attention is turned to the canvas she is painting, which is placed outdoors on a traditional wooden easel, where we see an image of Mount Roraima. Located on the triple frontier between Brazil, Venezuela, and Guiana—where different Indigenous populations live, including the Macuxi—Mount Roraima is a recurrent theme in Emiliano's oeuvre.

The game between painting, artist, and object also evokes other recurrent themes, such as her characteristic pictorial composition, in which the top strip of the painting, which is always smaller, gives room to a vibrant blue sky that frames community life and the natural elements. Scattered around her, as a way of signaling what she is made of, we see the representation of several malocas[2] interconnected by trails and links to nature. The figure in the picture is not looking back at the spectator but concentrated on her theme and craft. Something lurks between those who see and those who are looked at: the "me" that indicates the presence of the artist inside the image is also projecting a "you" out-

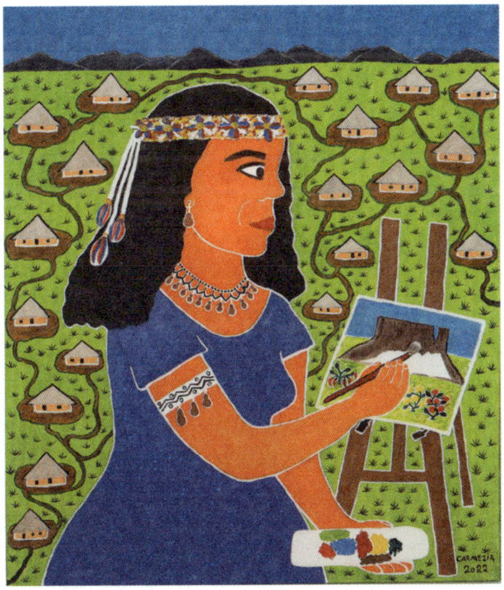

2.
Carmézia Emiliano
Eu [I], 2022
img. 44

não raro, o artista ligado à sua angústia interior era epítome da alienação.[2]

Se é certo que o autorretrato se move das margens da arte ocidental, ele é hoje o centro do debate sobre quem exerce a possibilidade de se figurar em oposição a ser por outro figurado [img. 3]. Embora a maneira e a compreensão de como o "eu" é representado visualmente tenham mudado significativamente, incluindo artistas antes negligenciados, e o autorretrato tenha caminhado em novas direções, abarcando trabalhos mais conceituais e em suportes diversos, ainda não parece possível dizer que se democratizou. Dado que o desejo de registrar a própria imagem é fato, sua circulação e sua viabilidade também foram até aqui restritas. Alguns poderiam argumentar que o fato se relaciona à ausência de representação em primeira pessoa, ou seja, que hoje são poucos os exemplares de autorretratos de indígenas. O Movimento dos Artistas Huni Kuin possui alguns desenhos de autorrepresentação de membros de seu coletivo, porém não necessariamente se enquadram como autorretratos [img. 4].[3] A pintura de Emiliano é, portanto, significativa, porque, não obstante essas populações serem constituintes do território brasileiro antes mesmo de este ser assim identificado, as instituições de arte, corroborando com a violência e o silêncio do Estado, não cederam espaço às suas produções nem dedicaram exposições monográficas ou com comissionamentos de autorretratos.[4]

3.

Arissana Pataxó
Indígenas em foco
[Indigenous People in Focus], 2016
Tinta de caneta hidrográfica sobre papel
[Hydrographic pen ink on paper], 30 × 42 cm
Museu de Arte de São Paulo Assis Chateaubriand, doação [gift], Bruno Pacheco, no contexto da exposição *Histórias brasileiras* [in the context of the *Brazilian Histories* exhibition], 2022-23, MASP.11437

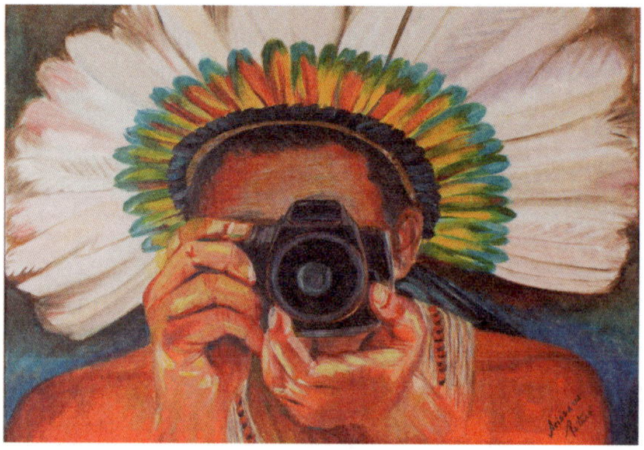

É a esse contexto que se refere o autorretrato de Duhigó, filha de pai tukano e mãe desana, nascida na região de Parí-Cachoeira, na Terra Indígena Alto do Rio Negro, no Amazonas [img. 5]. Produzido também em 2022, a artista está adornada com um colar e pinturas corporais produzidas usando tinta de jenipapo, numa frontal e expressiva figuração de si mesma. Em sua perna, é inscrita uma borboleta em referência à Wataporo, animal dotado de sacralidade. Sua vestimenta, realizada com linhas que aludem a fibras de tecido, assemelha-se a uma tela na qual se notam desenhos de grafismos indígenas. Duhigó afirma que o trabalho remonta a uma viagem feita ainda criança com sua família pelo rio Umarí que, a

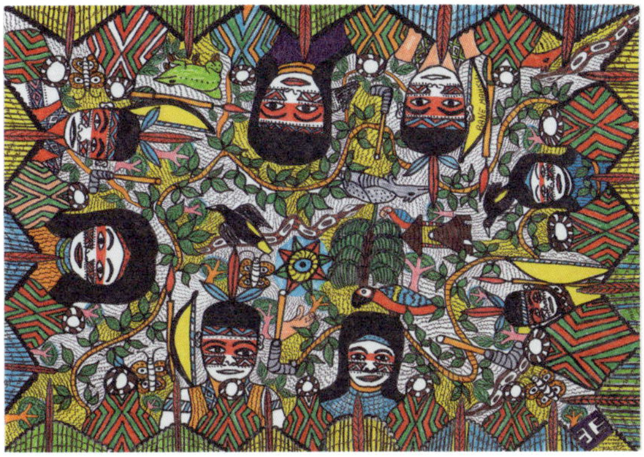

4.

Ibã Huni Kuin, Bane Huni Kuin, MAHKU
Sem título [Untitled], 2017
Tinta de caneta hidrográfica sobre papel [Hydrographic pen ink on paper], 30 × 42 cm
Museu de Arte de São Paulo Assis Chateaubriand, doação dos artistas [gift of the artists], 2019, MASP.11023

side of it, in a game of identity and difference. Despite the many elements that enunciate her Indigenous identity, including her own image, this is not an anthropological record. When analyzing the self-portrait genre in art history, we see that the great majority of artists produced them as a way of looking at or representing shared concerns in their societies, turning attention to their integrity. Therefore, we should not fall into the belief that self-representation is the only way of understanding a self-portrait, removing from Emiliano's and other works the stimulating possibility of more plural and complex readings: the painting is how the artist sees herself whilst showing something that she wants to be seen.

As the self-portrait genre evolved and the media became more pluralized, attitudes towards what it means to be an artist also have changed. Emiliano's work, for example, differs from the concepts that emerged with 19th-century romanticism, which emphasized the contemplation of an inner subjectivity and a sense of individuality removed from nature, in which the anguished artist often becomes the epitome of alienation.[3]

It is widely known that the self-portrait emerged from the margins of Western art to become today's center of debate around the ones who are able to represent themselves and the ones who are only represented by others [img. 3]. Even though the way and the understanding of how the "self" can be visually represented have significantly changed over time, including the acknowledgment of artists who have been previously neglected, and the fact that the self-portrait has also taken new directions, such as becoming more conceptual and using different supports, we still cannot say that it is a democratic genre. While the desire to record one's own image has always been part of human nature, its circulation and feasibility have been restricted. Some would argue that this is related to a lack of representation, given that today there are only a few examples of Indigenous self-portraits. We can take the self-representation drawings made by members of the Movimento dos Artistas Huni Kuin [Movement of Huni Kuin Artists] as an example, although they do not necessarily fit in the so-called self-portrait category [img. 4].[4]

5.

Duhigó
Autorretrato de Duhigó
[Duhigó Self-portrait], 2022
Acrílica sobre papel [Acrylic on paper], 200 × 120 cm
Museu de Arte de São Paulo Assis Chateaubriand, doação [gift], Mônica e [and] Fábio Ulhoa Coelho, no contexto da exposição *Histórias brasileiras* [in the context of the *Brazilian Histories* exhibition], 2022, MASP.11403

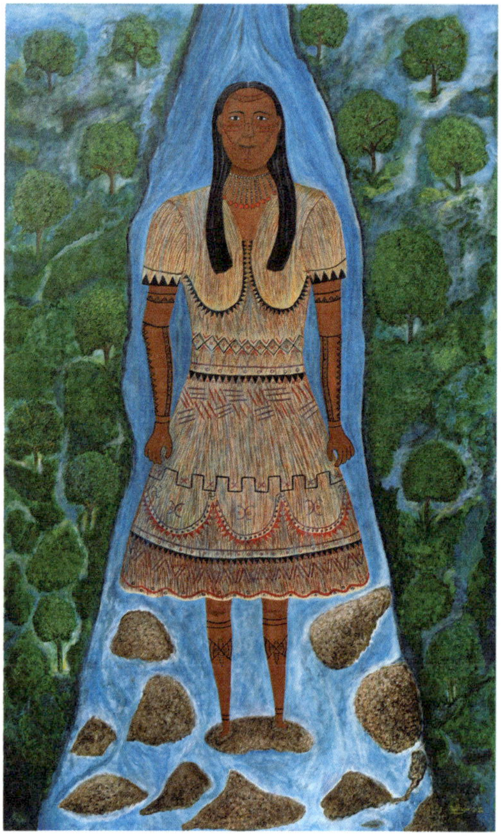

certo ponto, já não permitia a passagem da canoa e de onde tiveram que seguir a pé. Na reelaboração em imagem dessa história, a artista está cercada por água corrente — o retrato sugere que o rio é um manto que a envolve ou até mesmo que o rio é uma mulher, ela própria. Ainda que não anunciado pela artista, se, ao invés do rio, a água corrente for lida como uma cachoeira que desagua do céu, não saberíamos se a figura se alicerça solidamente sobre uma pedra ou se dela brota.[5] Vale destacar a incorporação de dimensões mais diretamente políticas na maneira de artistas retratarem a si mesmas, a exemplo da obra de Yacunã Tuxá, intitulada *Mulher indígena e sapatão* (2022) [img. 6].

Até o século 19 artistas foram frequentemente comissionados ou academicamente estimulados a experimentar e se expressar no gênero do autorretrato. Os indígenas, apartados do Estado brasileiro, mas em franca disputa por respeito e reconhecimento de seus territórios e modos de vida, lidaram com o fato de se verem representados por outros, em imagens às vezes românticas e frequentemente contraditórias e ambivalentes. O histórico quadro *Moema* (1866) [img. 7], de Victor Meirelles (1832-1903), tão amplamente divulgado, é exemplo das questões em debate. Ao representar o destino da personagem homônima, Meirelles retrata uma indígena pálida e desnuda na beira da praia, reproduzindo uma imagem e um imaginário bastante distintos do revelado por Emiliano em seu autorretrato, cujo exercício é de estabelecer com integridade um autoexame e uma autoinscrição.

Não aleatoriamente, a tela ainda não finalizada a que a artista se dedica em seu autorretrato não anuncia sua relação com o objeto, como quem pinta meramente uma paisagem. Em outras obras dedicadas ao monte

Therefore, Emiliano's painting is significant because, despite the fact that these populations existed in Brazilian territories before they were even recognized as such, art institutions validate the violence and silence of the government when they refuse to give space to their works, assemble monographic exhibitions, or commissioning their self-portraits.[5]

In this context, it is worth mentioning Duhigó's self-portrait. Daughter of a Tukano father and a Desana mother, she was born in the region of Parí-Cachoeira on the Alto do Rio Negro Indigenous Land, Amazon [img. 5]. Also painted in 2022, the artist appears adorned with a necklace and wearing body paint made with ink produced with a local plant called genipap. She adopts a frontal position set within an expressive form of figuration. On her leg, we see a reference to the Wataporo, the sacred butterfly. Her clothes, with lines that evoke the fiber of textiles, resemble a canvas in which we see Indigenous designs. Duhigó explains that the work evokes a trip she made as a child with her family along the Umarí River. At a certain point, they could not go any further on the canoe and had to continue on foot. In her re-elaboration of the event, the artist is surrounded by running water—the portrait suggests that the water is a mantle enveloping her or even that the river itself is a woman, that is, the artist herself. Even though Duhigó has never mentioned this, if instead of a river we imagine the running water to be a waterfall coming from the sky, it is impossible to tell if the figure is being solidly supported by a rock or if she is sprouting from it.[6] It is worth it to highlight how political speeches are also included in the way that some artists choose to represent themselves, especially when we see the work of Yacunã Tuxá, *Mulher indígena e sapatão* [Indigenous and Dyke Woman] (2022) [img. 6].

Until the 19th century, artists were frequently commissioned or academically encouraged to experiment and express themselves within the genre of self-portraits. However, Indigenous people, neglected by the Brazilian state and in a constant struggle for the recognition and respect of their territory and ways of life, have dealt with the fact that they are only

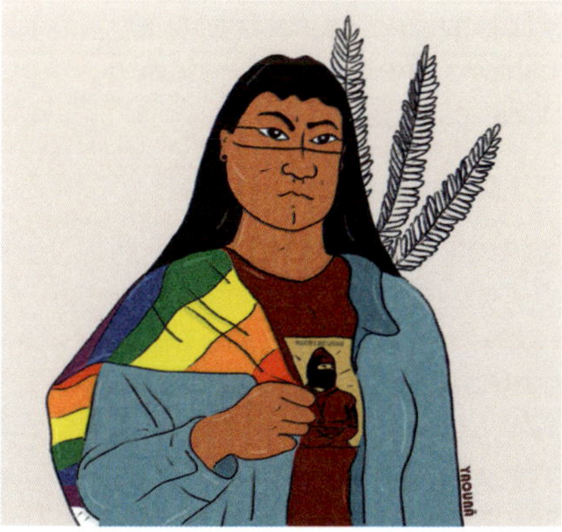

6.

Yacunã Tuxá
Mulher indígena e sapatão
[Indigenous and Dyke Woman], 2019
Desenho digital [Digital drawing], 100 × 100 cm
Museu de Arte de São Paulo Assis Chateaubriand, doação [gift], diretoria estatutária [board of directors], Alberto Fernandes, Alexandre Bertoldi, Andrea Cury Waslander, Geraldo Carbone, Heitor Martins, Jackson Schneider, Jean Martin Sigrist Jr., Juliana Siqueira de Sá, Tania Haddad Nobre, no contexto da exposição *Histórias brasileiras* [in the context of the *Brazilian Histories* exhibition], 2022, MASP.11420

Roraima, há um povoado de personagens a ele integradas. O território não é inóspito, frio ou distante. *Pimenta é ouro* (2010) [img. 8], por exemplo, quase sugere que é o monte o cerne da pintura. A partir do título, no entanto, a artista muda o foco para as inúmeras pimenteiras que atraem pessoas para a colheita, envoltas de outras frutas, como abacaxis e bananas, além de animais, como tatus e macacos, num claro senso de convívio pacífico. O único dissenso da tela é a presença da forte chuva que deságua do topo do monte, onde se nota uma tempestade que cria um furacão na cabeceira da cachoeira, vertendo água por todos os lados. Ainda assim, isso não parece afetar a consonância entre as figuras.

O cultivo da terra, bem como o cultivo da relação visual de Emiliano com o monte, é um exercício alimentado por um imaginário longamente apurado, em que harmonia não parece ser sinônimo de apaziguamento, isto posto, também de que não poderia incorrer um olhar como o de Meirelles. Aqui o monte não é apenas elemento da paisagem; sua imagem resulta de uma elaboração cumulativa, uma forma mais densa e vívida que o seu simples reconhecimento ou figuração. Ele está ligado à Wazaká, a árvore da vida, que dá título a esta exposição realizada no Museu de Arte de São Paulo Assis Chateaubriand

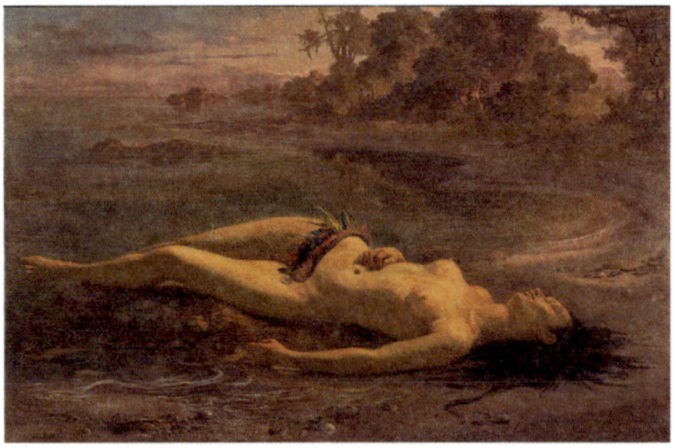

7.

Victor Meirelles
Moema, 1866
Óleo sobre tela [Oil on canvas], 130 × 196,5 cm
Museu de Arte São Paulo Assis Chateaubriand, doação [gift], Indústrias Químicas e Farmacêuticas Schering S.A., 1949, MASP.00267

(MASP) e que, em diferentes versões de seu mito, faz surgir de seu tronco cortado essa imensa massa rochosa que desencadeia dilúvios e anuncia limites e espaços [img. 1].[6] Retomar o mito da árvore da vida, entretanto, não quer dizer que a artista elabora sua poética como um dicionário ilustrado das histórias e vivências macuxis, mas a relação de experiência com seu contexto, de modo a representar os tópicos que lhe interessam subjetivamente, mesmo que relacionados à coletividade ou filosoficamente referenciados.

*

Crianças em júbilo brincam em um grande campo, no qual se situa, ao centro, uma árvore. Desde sua raiz até o tronco, borboletas ramificam-se, tomando a forma de galhos que ocupam abundantemente o largo céu, de um azul represented by others, through images that are often romanticized, as well as contradictory and ambivalent. The widely known historical painting *Moema* (1866) [img. 7], by Victor Meirelles (1832–1903), is a good example of this. Representing the fate of the character of the same name, Meirelles portrays a pale and naked Indigenous woman on the beach, reproducing an image and an imagery very distinct from that revealed by Emiliano in her self-portrait, an exercise to trigger, with integrity, both self-examination and self-inscription.

It is not a coincidence that the unfinished painting that the artist is working on in her self-portrait is not suggestive of her relationship with the object, as if she were merely painting a landscape. In her other works dedicated to Mount Roraima, we see villages and characters. The territory is not inhospitable, cold, or distant. *Pimenta é ouro* [Pepper is Gold] (2010) [img. 8], for example, almost suggests that the mount is at the core of the painting. However, the choice of title changes the focus to the several pepper trees that attract people for their harvest, surrounded by other fruit trees, such as pineapples and bananas, as well as animals, like armadillos and monkeys, giving off a clear sense of peaceful coexistence. The only dissent on the canvas is the strong rain that falls from above the mount, where we see a storm turning into a hurricane at the top end of the waterfall, splashing water all around it. Even so, this does not seem to interfere with the consonance between the figures.

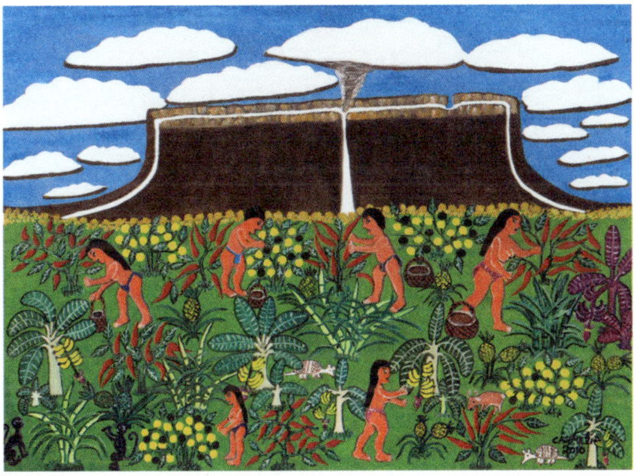

8.

Carmézia Emiliano
Pimenta é ouro
[Pepper is Gold], 2010
img. 46

Land cultivation, as well as the cultivation of the visual relationship between Emiliano and Mount Roraima, is an exercise fed by a deeply sophisticated imagery, in which harmony is not a synonym for appeasement and where a gaze like Meirelles's would not be possible. Here, the mount is not only a landscape element; its image results from a cumulative elaboration, something more dense and vivid than its mere acknowledgment or figuration. It is linked to the Wazaká, the tree of life that gives title to the exhibition at Museu de Arte de São Paulo Assis Chateaubriand (MASP) and that, in different versions of the myth, gives luminoso. Essa é a cena representada por Emiliano na tela *Minha gente* (2018) [img. 9], uma ode à vida e ao processo de transformação e renovação.

Quando buscou representar sua teoria da evolução, Charles Darwin (1809-1882) encontrou no arquétipo da árvore da vida uma ferramenta teórica e um modelo visual. Essa metáfora para todas as formas de criação tem sido primordial em diversas tradições mitológicas, religiosas e filosóficas ao redor do mundo. Frequentemente relacionada à imortalidade ou à fertilidade, a vivacidade da árvore certifica a continuidade da vida no universo. A imagem e o imaginário a ela associados serviram ao cientista para descrever as relações entre organismos, vivos e extintos, conforme sua seminal pesquisa *On the Origin of Species* [A origem das espécies] (1859) [img. 10]:

> *Assim como os botões, pelo crescimento, dão origem a novos brotos e estes, quando são fortes, ramificam-se e se espalham para todos os lados, cobrindo a maioria dos ramos mais fracos, acredito que as gerações fizeram o mesmo na grande Árvore da Vida que preenche a crosta terrestre com seus ramos mortos e quebrados e a superfície com suas ramificações que nunca deixam de se dividir e que estão sempre belas.*[7]

À sua maneira, Gustav Klimt (1862-1918) também se dedicou à temática, com sua tela *L'Arbre de Vie, Stoclet Frieze* [A árvore da vida, Stoclet Frieze] (1905) [img. 11]. A pintura alude a uma imagem recorrente da árvore da vida preservada na iconografia — ao centro está a árvore; simetricamente, em cada lado do quadro, se colocam duas figuras quase sempre alegóricas ou míticas. Em Klimt, no entanto, a convecção visual é levemente modificada pela adição de uma terceira figura — ao contrário da árvore da vida de Emiliano, não é um monte, mas ouro, o elemento da natureza notável a partir da proeminência da cor dourada. Em ambas não há uso de sombra ou de claro e escuro para criar tridimensionalidade e volume. As figuras são, como em Emiliano, bastante chapadas, e tais efeitos são sugeridos pelo ritmo e pela repetição. Mas Klimt nunca foi acusado de "ingênuo", antes lido na chave moderna de uma consciente recusa das regras de perspectiva em favor de padrões e motivos.

Apesar de serem muitos os trabalhos de Emiliano que se dedicaram à documentação de objetos da cultura material e dos saberes transmitidos por seu povo entre gerações, não há possibilidade de validação de uma compreensão essencialista. Conquanto, foi nessa chave de leitura que ela conquistou prêmios na bienal *Naïfs do Brasil* — importante exposição realizada pelo Sesc Piracicaba desde 1992, de abrangência nacional e que está em sua 15ª edição. Foi por meio dessa mostra que artistas como Carmézia Emiliano, selecionada e premiada inúmeras vezes, Mirian Inêz da Silva (1939-1996), Rosina Becker do Valle (1914-2002), entre outros, despontaram e até ultrapassaram as delimitações ensejadas no nome da bienal. No primeiro catálogo da exposição, é definido o escopo que a bienal faz da noção de uma obra naïf:

rise, from its sliced trunk to the immense rock mass that unleashes deluges and sets borders and spaces [img. 1].[7] To revisit the myth of the giant tree, however, does not mean that the artist elaborates her poetics as an allegory or an illustrated dictionary of Macuxi stories and experiences but deals with the lived relationship within its context as a way of representing the topics that interest her subjectively, even if in relation to collectiveness or philosophical issues.

*

Rejoicing children play in a vast meadow where there is a tree. Starting from its roots going all the way up to the trunk, a kaleidoscope of butterflies ramifies metamorphosing into the branches that occupy the bright blue sky. This scene, depicted in Emiliano's *Minha gente* [My People] (2018) [img. 9], is an ode to life and the processes of transformation and renovation.

Charles Darwin (1809–1882) found in the tree of life archetype both the theoretical and visual models needed when seeking to represent his evolution theory. Such metaphor has been fundamental for numerous mythological, religious, and philosophical traditions around the world. Often linked to immortality and fertility, the briskness of the tree certifies that life itself will endure in the universe. Thereby the images and the imaginary related to it served Darwin to describe the relations between the living and extinct organisms in his *On the Origin of Species* (1859) [img. 10]:

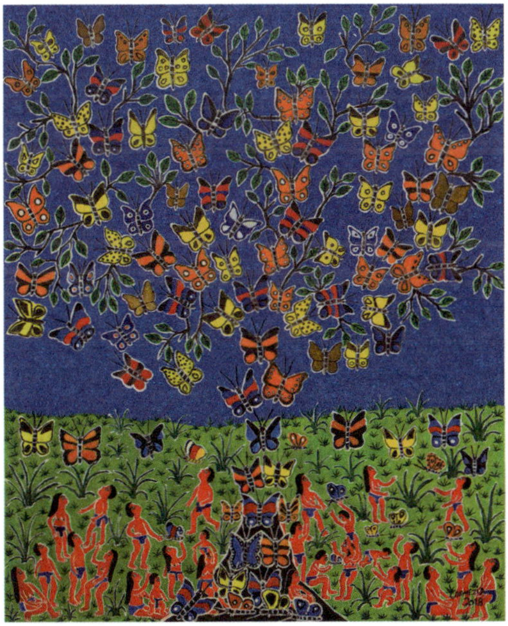

9.
Carmézia Emiliano
Minha gente
[My People], 2018
img. 35

Não é arte popular, sob o ponto de vista da produção, mas mantém intensa relação com o cotidiano, em cenas populares e pitorescas, traduzidas em cores e formas descabidas, longe da representação real, mas que conseguem ser significativas tanto aos eruditos quanto aos leigos que as apreciam.[8]

Posteriormente reforçado por definição do *Dicionário Sesc: a linguagem da cultura* (2003), o termo "naïf" é descrito como uma "designação de origem francesa — literalmente, arte ingênua — para as pinturas e esculturas de técnica autodidata, livre, espontânea, rude e frequentemente popular".[9] Fato é que o termo, que surgiu para nomear o estilo desenvolvido pelo pintor francês Henri Rousseau (1844-1910), foi importado e incorporado ao vocabulário de críticos, colecionadores e dos próprios artistas no Brasil para definir uma ampla e diversa produção de poéticas distintas entre si, em que o fator unificador é quase sempre apenas o fato de serem autodidatas.[10] Foi nesse espaço que a artista encontrou uma maneira de adentrar o circuito de arte, mesmo que contraditoriamente afirmando uma pretensa "ingenuidade" que faz essas mesmas instituições "mergulharem [numa realidade] insubmissa e veraz".

Primitiva, mas não primária, popular porém jamais prosaica, a estética ingênua parece, em sua percepção das coisas, descrever a trajetória da intuição bergsoniana. Ao executar o salto mortal da compreensão imediata, tangencia o secundário e vai direto à essência. Dispensa as categorias do pensamento e, sem auxílio externo a si mesma, vale-se de seus próprios meios para construir as representações daquilo que vê.[11]

É possível notar que o termo "naïf" muitas vezes se confundiu com a ideia de "primitivo", sua versão ainda mais pobre:

Na literatura erudita, naïf é o termo mais comumente usado para designar o pintor primitivo. [...] A palavra naïf prevaleceu definitivamente e com razão, pois é ela que vem naturalmente

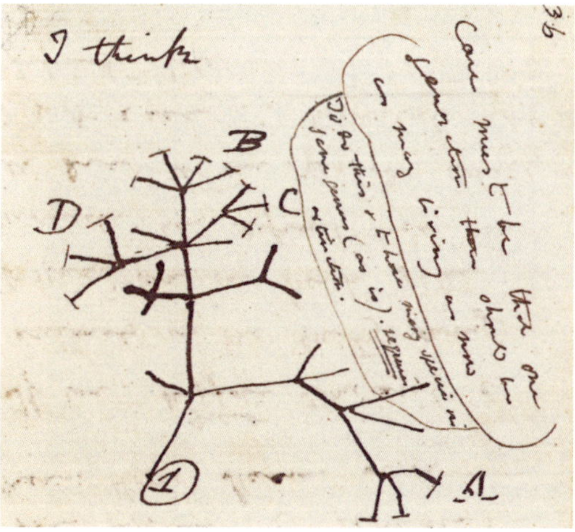

10.

Charles Darwin
Esboço da Árvore da Vida
[Tree of Life Sketch], 1837-38
Cambridge University Library, Inglaterra [England]

As buds give rise by growth to fresh buds, and these, if vigorous, branch out and overtop on all sides many a feebler branch, so by generation I believe it has been with the great Tree of Life, which fills with its dead and broken branches the crust of the earth, and covers the surface with its ever-branching and beautiful ramifications.[8]

Likewise, the procedure is also the premise behind Gustav Klimt's (1862–1918) *L'Arbre de Vie, Stoclet Frieze* [The Tree of Life, Stoclet Frieze] (1905) [img. 11]. The painting evokes the imagery presented in the tree of life's iconography, where the tree takes the center of the canvas, whereas allegorical or mythical figures are symmetrically arranged on the sides of the painting. Nonetheless, Klimt's visual construction is slightly modified, adding to it a third figure: instead of placing a mountain, like Emiliano's tree of life painting, he chooses gold—an element of nature known by the prevalence of the golden color. In both works, there is no use of shadow or chiaroscuro to create three-dimensionality and volume. The figures are, as they are in Emiliano's work, solid and the effects are suggested by rhythm and repetition. But Klimt has never been accused of being "naïf," instead his work is understood through the prism of a conscious modern refusal of rules of perspective in favor of patterns and motifs.

Even though there are many works by Emiliano that document material cultural objects and forms of knowledge passed between generations of her people, we could not defend an essentialist reading. Nonetheless, it was through this perspective that she was granted prizes at the *Bienal Naïfs do Brasil* [Naïves from Brazil]—a major Brazilian exhibition organized by SESC Piracicaba, São Paulo state, that has been taking place since 1992 and is currently in its fifteenth edition. It was through the biennial that artists such as Carmézia Emiliano, who was selected and awarded prizes several times, Mirian Inêz da Silva (1939–1996), and Rosina Becker do Valle (1914–2002), amongst others, emerged and even went beyond the limitations inscribed within the exhibition's name. The first catalogue defines the scope of a naïve work:

It is not popular art in terms of its production, but it maintains an intense relationship with the everyday in popular and picturesque scenes translated into misplaced colors and forms, far from real representation but that can be meaningful both to the erudite and lay audiences who enjoy them.[9]

This was later corroborated by a definition that features in *Dicionário Sesc: a linguagem da cultura* [SESC Dictionary: The Language of Culture] (2003), a dictionary of cultural terms published by SESC, in which the word "naïf" was defined as "a French-originated term—which literally means naïve art—that is used to describe paintings and sculptures that employ self-taught, free, spontaneous, raw, and often popular techniques."[10] Appearing as a way of naming the style developed by French painter Henri Rousseau (1844–1910), the *ao espírito da maioria das pessoas quando elas têm que designar essa arte ou esses artistas, é e justamente a ingenuidade a chave de todo o fenômeno.*[12]

Tais termos qualificadores, aos quais se somam ainda "art brut" ou "folclórica", podem ser redutores e preconceituosos. Primeiro porque ser autodidata não significa ausência de pesquisa, quer dizer apenas que essas pessoas não tiveram acesso à educação formal. Depois porque em geral são atribuídos a artistas indígenas, negras ou pobres e dizem muito pouco sobre os trabalhos e artistas em si. Não é redundante rememorar que tais noções validaram hierarquias perversas, influenciando demasiadamente leituras atavistas. Entretanto, foi essa mesma categoria ambígua, a de "arte naïf", que permitiu a um número expressivo de artistas encontrar um lugar na história da arte. Talvez por isso ainda existam artistas a ela apegados ou apoiadores aguerridos, críticos de uma leitura comparativa com aqueles canonizados pela arte moderna e contemporânea. A obra chamada "naïf" deve, levando-se em conta esse pressuposto, encerrar sua leitura e estilo em si mesma. Se assim fosse, artistas como Dalton Paula, também premiado na 9ª Bienal Naïfs do Brasil (2008) [img. 12],[13] não poderiam, como é próprio ao fazer artístico, experimentar novas visualidades, suportes e materiais, apurando escolhas temáticas e formais. Ao fazê-lo e serem lidos em outra chave, acabam por afirmar a natureza limitada da categoria naïf.

Formalmente, Emiliano não documenta sua vida e realidade como uma dádiva, sem procedimento reflexivo sobre seu trabalho e seu meio. Há diálogos e influências, comparações lícitas igualmente em relação a artistas de diversos estilos e períodos, como dentro do conjunto de sua obra. A tela *Contando histórias* (2019) [img. 13], por exemplo, apresenta uma expressiva figuração das redes de dormir, objeto indígena que é também uma invenção genial e que adentrou a iconografia do nosso país quase que ligado a populações indígenas. Nela, Carmézia Emiliano retrata como as redes se organizam dentro de um ambiente compartilhado. A composição remete à trama que cria a própria

11.

Gustav Klimt
A árvore da vida, Stoclet Frieze
[The Tree of Life, Stoclet Frieze], 1905
Óleo sobre tela [Oil on canvas], 195 × 102 cm
Museum für angewandte Kunst, Viena, Áustria

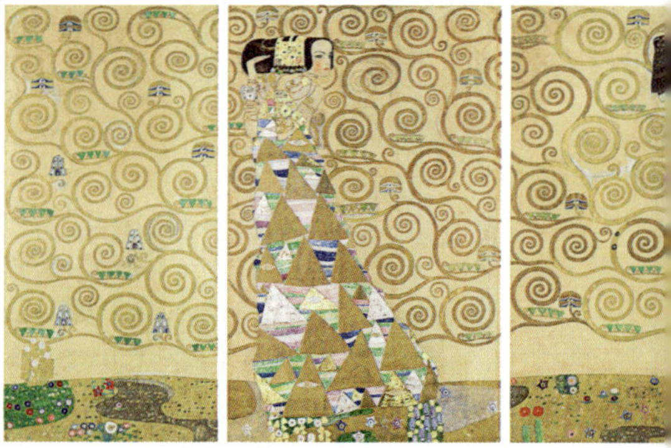

designation was imported and incorporated into the vocabulary of critics, collectors, and also artists in Brazil to define a vast and diverse amalgamation of different poetic forms, in which the unifying factor is almost always exclusively the fact that the artists are self-taught.[11] It was in this space that Emiliano found a way of entering the art circuit, even if contradictorily accepting an alleged "naïvety," which, in turn, led art institutions to "delve into an interpretation of non-conformity and authenticity."

> *Primitive, but not basic, popular but never prosaic, the naïve aesthetic seems, in its perception of things, to be describing the trajectory of Bergsonian intuition. By taking the fatal leap of immediate comprehension, it is tangential to the secondary by going straight to the essence. It does it outside the categories of thought and, without any external help, making use of its own means to build the representation of what it sees.*[12]

Note that the term "naïf" is sometimes replaced by the idea of "primitive," an even poorer version:

> *In erudite literature, naïf is the most commonly used term to designate the primitive painter. [...] The word naïf has definitely prevailed, and with reason, as it is this word that naturally comes to mind for the majority of people when they are trying to name this type of art or the type of art made by these artists. Naivety is precisely the key to the whole phenomenon.*[13]

Such qualifying terms, which can be complemented by "art brut" or "folk art," can be reductive and prejudiced. Firstly, because to be self-taught does not mean an absence of research; it means only that these artists did not frequent academia. Additionally, in general, the terms are frequently attributed to Indigenous, Black, or poor artists, and say very little about the works or the artists themselves. It is not redundant to remember that such notions have validated perverse hierarchies, overly influencing atavistic readings. However,

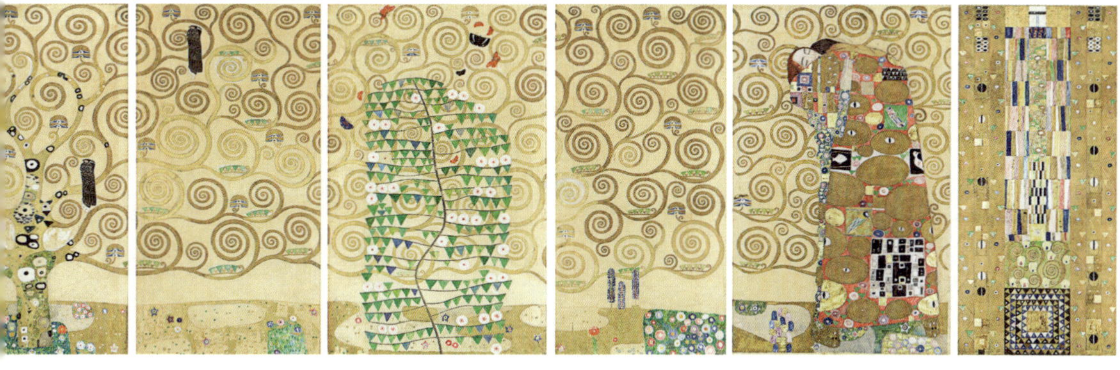

rede, e as proporções do quadro são dignas de nota. Bastante geometrizado, os pilares amarelos verticais são demarcados e contrastam com a horizontalidade das redes verdes, vermelhas e azuis. A cor preta ao fundo sugere que a ação se passa à noite. O telhado, que parece ser feito de sapé, difere das cores vivas do resto do quadro. Estando figurado em outro registro, ele é responsável por criar uma triangulação no espaço da tela e doa à obra uma forte percepção de profundidade. Há pessoas deitadas em todas as direções e algumas compartilham a rede em dupla, criando um senso de coletividade e de sociabilidade que dá vontade de participar. Mas será que a história está sendo contada entre as figuras da tela, ou a própria existência da tela conta uma história sobre as redes de dormir?

O que se pretende provocar é que enredos e registros se misturam. Se em *Contando histórias* é possível lidar com um aspecto narrativo, no trabalho *Redes* (2019) [img. 14], o caminho de leitura pode apontar para elucubração distinta. No primeiro, as figuras humanas, em posição de descanso, utilizam as redes, que assumem uma função a serviço de sua utilização. No segundo, as personagens são agentes da trama que produz o objeto, mas não são as protagonistas. Os objetos é que são preponderantes e compõem, em contrapartida, o ritmo da composição. É figurativo como o primeiro, mas, ao mesmo tempo, são as linhas, essa unidade básica do desenho, que constroem o jogo óptico responsável por encaminhar a percepção para a abstração. Significativamente polissêmico, o trabalho de Emiliano é a um só tempo figurativo e geométrico. As redes urdem visualmente a repetição de um mesmo módulo, uma trama tecida por fios verticais e horizontais que, embora conformem uma unidade e um conjunto, também é admissível a observação de elementos e singularidades. As figuras tecem a teia da vida, enquanto são apenas um fio, mas tudo que fazem à teia, elas fazem a si mesmas. Sublinha-se que há aqui um caso de sinédoque: formalmente a artista não apenas documenta a rede em si, mas também evidencia um pensamento visual em que a trama da rede é a trama do quadro. Será por isso que o primeiro tem um título abrangente

12.

Dalton Paula
2ª gemelar
[2nd Gemellary], 2008
Óleo sobre tela [Oil on canvas], 50 × 70 cm
Cortesia do artista e [Courtesy of the artist and]
Sé Galeria, São Paulo, Brasil

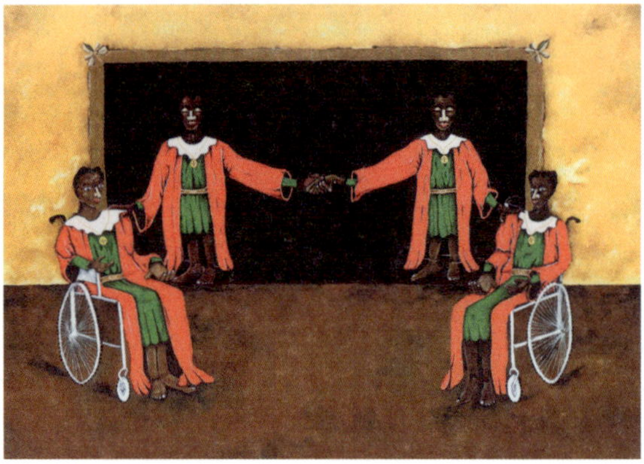

it was the ambiguous category of "naïve art" that has allowed an expressive number of artists to find their place in art history. Perhaps this is why it still has attached artists and fierce advocates who criticize comparisons with artists canonized by modern and contemporary art. The so-called "naïve" artwork, according to this premise, must be understood and produced only in relation to itself. If that was the case, artists like Dalton Paula, who was also awarded a prize at the 9ª Bienal Naïfs do Brasil (2008) [img. 12],[14] could not—as an intrinsic feature of artistic making itself—experiment with new visualities, supports, and materials, deepening his content and formal choices. By doing this and being read under a new key, these artists uncover the limited nature of naïf as a category.

Formally, Emiliano does not document her life and reality as a gift lacking reflection on her work and environment. There are dialogues and influences that forge relevant comparisons both with other artists of different styles and periods and within her oeuvre itself. For instance, *Contando histórias* [Telling Stories] (2019) [img. 13] shows an expressive figuration of sleeping hammocks, an Indigenous object that is an ingenious invention which has become part of the iconography of our country linked to Indigenous populations. In this painting, Carmézia Emiliano portrays how the hammocks are organized within a shared environment. The composition evokes the mesh that constitutes the hammock itself, and the proportions are noteworthy. Highly geometric, the vertical yellow pillars offer boundaries and contrast with the horizontality of the green, red, and blue hammocks. The black color in the background suggests that this is a night scene. The roof, which seems to be made of sapé grass, differs from the vibrant colors in the rest of the painting. Depicted in a different style, the roof creates a triangulation in the space of the canvas, providing a strong sense of depth. People are lying down in all directions and some of them share hammocks in pairs, creating a sense of collectivity and social gathering that we feel like joining. But is it a story being told amongst the figures in the painting or is the existence of the painting itself telling a story about sleeping hammocks?

The provocation here is that the plot and record are merged. If in *Contando histórias*, we see only a narrative aspect, in *Redes* [Hammocks] (2019) [img. 14], the painting can lead to different speculations. In the first, the human figures, in a resting position, use the hammocks for a specific function. In *Redes* the characters are agents in the mesh that produces the objects; however, they are not the protagonists. The objects prevail, producing, in turn, the rhythm of the composition. The second is as figurative as the first, but, at the same time, the lines, which are the basic elements of drawing, are used to build the optical game that leads our perception towards abstraction. Significantly polysemic, the work of Emiliano is both figurative and geometric. The hammocks visually weave the repetition of the same module; a mesh made of vertical and horizontal threads that, despite forming a single unity, also make up a whole in which we can see a collection of singular elements. The human figures, being just simple threads, are e o segundo, por sua vez, anuncia mais diretamente o objeto a que se refere?

Há ainda outra obra pertinente à tal reflexão. *Fazendo redes* (2019) [img. 15] apresenta não o uso, nem apenas o objeto, mas o processo de constituição das redes como partilha do conhecimento e de troca da tecnologia utilizada na sua fatura. São as mulheres que realizam a ação, construindo as redes fio a fio.[14] Nota-se que a linha participa da constituição de um pensamento tridimensional, reafirmando a composição da imagem a partir do uso de horizontalidade e verticalidade como elementos primários, que se diferenciam apenas pelo uso da cor. A mesma lógica se repete no telhado, que simultaneamente divide e integra espaços e é composto pela mesma tecnologia do tear, de suas tramas e urdiduras. Os três trabalhos, analisados em conjunto, evidenciam uma maneira singular de formalização, como se o fazer têxtil, suas linhas e grids, o urdume como estrutura e a trama como movimento fossem também a base sobre a qual a artista constitui sua marca visual, num gesto de metalinguagem.

Carmézia Emiliano é uma artista indígena macuxi, nascida em 1960, na comunidade Maloca do Japó, e suas telas de fato figuram paisagens, objetos da cultura material e o cotidiano de sua comunidade: "Minha arte é um serviço que presto à cultura do meu povo, essa é a maior de todas as felicidades", diz ela.[15] Na década de 1990, mudou-se para Boa Vista, momento no qual também começou a pintar, motivada pelo impacto que teve ao visitar pela primeira vez uma exposição de arte. Ali ela notou que humanidade e natureza, indivíduo e coletivo, podiam assumir formas na profusão de detalhes espelhados, intrincados e interconectados. Do início de sua carreira até este momento, sua produção artística libertou-se da leitura enquadrada em sua participação em exposições de caráter popular, tendo sida incluída em diferentes mostras de arte contemporânea.[16] Atualmente, o MASP possui quatro pinturas de sua autoria [imgs. 29, 44, 47, 61] que refletem a relação que o museu tem estabelecido com a produção da artista desde 2018, quando ela participou do seminário *His-*

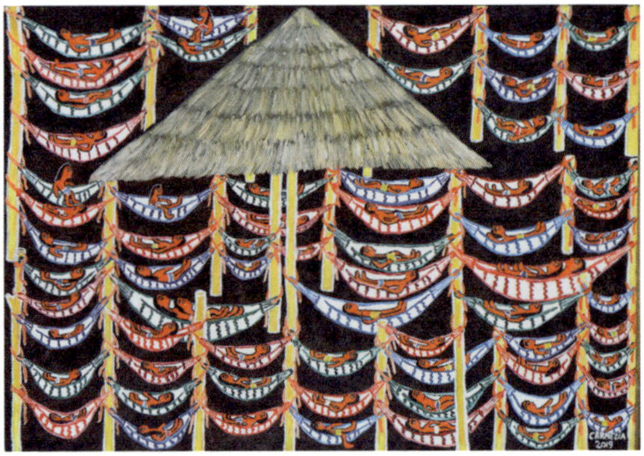

13.
Carmézia Emiliano
Contando histórias
[Telling Stories], 2019
img. 63

able to weave the web of life, though everything they do to the web they also do to themselves. It is worth noting that this is a case of synecdoche: formally, the artist is not only documenting the hammock itself, she is also highlighting a visual thought in which the hammock's mesh also represents the mesh of painting. Is this perhaps why the first one has a comprehensive title whilst the second makes a more direct mention of the object to which it refers?

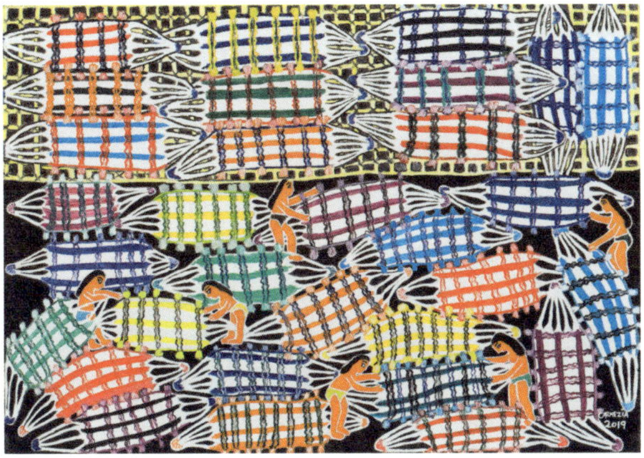

14.
Carmézia Emiliano
Redes
[Hammocks], 2019
img. 64

Another work is also pertinent to this reflection. *Fazendo redes* [Making Hammocks] (2019) [img. 15] shows not only the use, or only the object, but the process of producing the hammocks as a way of sharing knowledge and the technology used in their making. Women are performing the action, building the hammocks thread by thread.[15] Lines are part of a process of constituting a three-dimensional concept, reaffirming the image composition through the use of horizontality and verticality as primary elements, which only differ in their use of color. The same rationale is repeated on the roof that simultaneously divides and integrates the spaces and is made of the same technology as the loom, its mesh and warp. When analyzed as a set, the three works demonstrate a unique formal approach, as if the textile making, its threads and grids, the warp as structure, and the mesh as movement were also the basis onto which the artist constitutes her visual mark, in a gesture of metalanguage.

Carmézia Emiliano is an Indigenous Macuxi artist, born in 1960 in the community of Maloca do Japó. Her paintings show landscapes, objects of material culture, and the everyday in her community: "My art is a service I provide to the culture of my people, this is my greatest form of happiness," she explains.[16] In the 1990s, she moved to Boa Vista, when she also started to paint, driven by the impact of visiting an art exhibition for the first time. There she saw that humanity and nature, the individual and the collective, could adopt forms within a profusion of mirrored, intricate, and interconnected details. From the start *tórias das mulheres, histórias feministas* e conduziu uma oficina de pinturas parapara o público do museu durante dois dias.[17] Da mesma forma, foram comissionados trabalhos da artista para o ciclo de *Histórias da dança* e para o projeto Art School uma parceria do museu com o centro de pesquisas e publicação Afterall.[18] Desde então suas pinturas foram exibidas em diversas exposições do museu. São bem-vindos novos olhares e a revisão de sua obra à luz de uma leitura contemporânea, em detrimento de classificações redutoras que anteriormente marcaram em demasia sua produção. Espera-se que a mostra no MASP participe positivamente desse reexame.

Amanda Carneiro,
curadora assistente, MASP

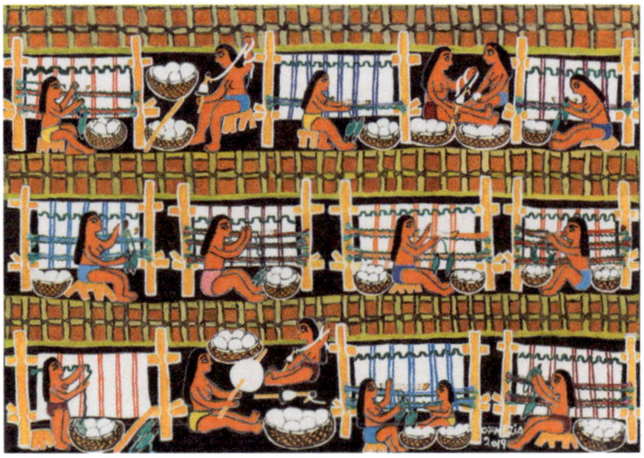

15.
Carmézia Emiliano
Fazendo redes
[Making Hammocks], 2019
img. 65

NOTAS

1 O autorretrato foi comissionado para o núcleo "Retratos" da exposição *Histórias brasileiras*, ocorrida no MASP em 2022, com a direção curatorial de Adriano Pedrosa e Lilia Moritz Schwarcz e curadoria de Amanda Carneiro, André Mesquita, Clarissa Diniz, Fernando Oliva, Glaucea Helena de Britto, Guilherme Giufrida, Isabella Rjeille, Sandra Benites e Tomás Toledo.

2 Para uma história social do autorretrato, ver James Hall, *The Self-portrait: A Cultural History*. Londres: Thames and Hudson, 2015.

3 Ver Adriano Pedrosa e Guilherme Giufrida (orgs.), *MAHKU: mirações*. São Paulo: Museu de Arte de São Paulo Assis Chateaubriand, 2023.

4 Inúmeros livros que compilam diferentes autorretratos realizados ao longo da história reforçam o silêncio abordado neste ensaio. O já clássico *500 Self-portraits*, por exemplo, embora tenha sido recentemente revisto e ampliado, ainda carece de autorretratos de povos originários, revelando como essa ainda é uma lacuna

of her career until now, her artistic practice has been freed from interpretations that limit her participation in exhibitions of a popular character, and she has been included in different contemporary art shows.[17] Currently, the MASP collection is home to four paintings produced by the artist [imgs. 29, 44, 47, 61], which is a reflection of the strong relationship between the museum and Emiliano's practice since 2018, when she participated in the seminar *Women's Histories, Feminist Histories*,[18] and also led a two-day painting workshop for the museum audience. Likewise, in 2019 MASP commissioned works for the *Histories of Dance* exhibition and the Art School project, a partnership between the museum and the research and publication center Afterall.[19] Thenceforward, her paintings have been featured in different exhibitions at the museum. New interpretations and readings of her work under a contemporary lens that refuse the reductive classification that has previously marked her practice are very welcome. It is our hope that the exhibition at MASP is a positive contribution towards this re-examination.

Translated from the Portuguese by Adriana Francisco.

Amanda Carneiro,
Assistant Curator, MASP

NOTES

1 The work was commissioned for the "Portraits" section of the exhibition *Brazilian Histories*, which took place at MASP in 2022 and was directed by Adriano Pedrosa and Lilia Moritz Schwarcz, and curated by Amanda Carneiro, André Mesquita, Clarissa Diniz, Fernando Oliva, Glaucea Helena de Britto, Guilherme Giufrida, Isabella Rjeille, Sandra Benites, and Tomás Toledo.

2 "Maloca" is a term of difficult translation into English, the reason why it is kept in Portuguese in this catalogue. Similar to the notion of a longhouse, maloca is the community dwelling of Indigenous peoples in Brazil while it can also refer to the village itself.

3 For a wide social history of self-portraits, see James Hall, *The Self-Portrait: A Cultural History* (London: Thames and Hudson, 2015).

4 See Adriano Pedrosa and Guilherme Giufrida (eds.), *MAHKU: Visions* (São Paulo: MASP, 2023).

5 Several publications compiling different self-portraits produced throughout history reinforce the silence announced in this essay. For instance, the classic *500 Self-Portraits*, despite having recently been reviewed, still lacks self-portraits made by original peoples, which reveals that there is still an evident gap. See Julian Bell and Liz Rideal, *500 self-portraits* (London: Phaidon, 2004).

6 Duhigó's portrait was also commissioned for the "Portrait" section of the *Brazilian Histories* exhibition.

evidente. Ver Julian Bell e Liz Rideal (orgs.), *500 Self-portraits*. Londres: Phaidon, 2018.

5 A pintura de Duhigó também foi comissionada para o núcleo de retratos da exposição *Histórias brasileiras*.

6 Tanto no ensaio "Carmézia Emiliano: uma artista nada ingênua", escrito por Ilana Seltzer Goldstein, quanto em "Maloca do Japó: memórias de mundos em transformação", de Denilson Baniwa, ambos publicados neste volume, o mito da árvore Wazaká é abordado de maneira mais detida e vale ser consultado para os termos desse apontamento.

7 Charles Darwin, *A origem das espécies*. Trad. Daniel Moreira Miranda. São Paulo: Edipro, 2018, p. 347.

8 Danilo Santos de Miranda. In: Jesus Vazques Pereira (org.), *Arte ingênua e primitiva: mostra internacional*. São Paulo/Piracicaba: Sesc-SP/Sesc Piracicaba, 1992, p. 7.

9 Newton Cunha, *Dicionário Sesc: a linguagem da cultura*. São Paulo: Perspectiva, 2003.

10 Ver nota 3 de Ilana Seltzer Goldstein, "Carmézia Emiliano: uma artista nada ingênua", presente neste volume.

11 Danilo Santos de Miranda, 1992, op. cit., p. 7.

12 José Nazareno Mimessi, *Pintura primitiva (naïve): resultado de uma pesquisa*. Assis: Edição do autor, 1991.

13 Ver Adriano Pedrosa, "Costura de fragmentos: uma conversa com Dalton Paula". In: Adriano Pedrosa, Glaucea Helena de Britto e Lilia Moritz Schwarcz (orgs.), *Dalton Paula: retratos brasileiros*. São Paulo: MASP, 2022, p. 116.

14 Vale mencionar que a figura das mulheres é recorrente no trabalho da artista.

15 Em comunicação privada com a autora.

16 Desde 2019 Carmézia Emiliano vem participando de inúmeras mostras fora do escopo naïf, a exemplo de *Vaivém* (Centros Culturais Banco do Brasil de São Paulo, Brasília, Rio de Janeiro e Belo Horizonte, 2019), com curadoria de Raphael Fonseca; *Histórias da dança* (MASP, 2020), com curadoria de Adriano Pedrosa, Olivia Ardui e Julia Bryan-Wilson; *Moquém_Surarî: arte indígena contemporânea* (Museu de Arte Moderna de São Paulo, 2020), com curadoria de Jaider Esbell (1979-2021); *Frestas — Trienal de Artes* (Sesc Sorocaba, 2021), com curadoria de Thiago de Paula, Bia Lemos e Diane Lima; e *31º Programa de Exposições* (Centro Cultural São Paulo, 2021), com curadoria de Adelaide Pontes e Hélio Menezes.

17 Apresentado entre os dias 1 e 2 de fevereiro de 2018, o seminário está disponível em https://masp.org.br/seminarios/historias-das-mulheres-historias-feministas. Acesso em 6.1.2023.

18 Carmézia Emiliano, além de ter sido comissionada para a mostra *Histórias da dança*, tornou-se parte do Art School, um projeto virtual da revista *Afterall* em parceria com o MASP, lançado durante a pandemia de covid-19 e dedicado a investigar obras de arte que abordam questões vitais sobre ensino e aprendizagem. Ver Yuderkys Espinosa-Miñoso, "To Intervene in the Museum or to Dynamite it? Some Reflections on Art and Decoloniality". Disponível em http://www.afterallartschool.org/essays/to-intervene-in-the-museum-or-to-dynamite-it-some-reflections-on-art-and-decoloniality/. Acesso em 21.12.2022.

7 In Ilana Seltzer Goldstein's essay, "Carmézia Emiliano: An Artist Not a Bit Naïve," and in Denilson Baniwa's "Maloca of Japó: Memories of Changing Worlds," both present in this volume, the myth of the Wazaká tree is approached in more detail and could be consulted to further this point.

8 Charles Darwin, *On the Origin of Species* (London: John Murray, 1869), 113–14.

9 Danilo Santos de Miranda. In: Jesus Vazques Pereira (ed.), *Arte ingênua e primitiva: mostra internacional* (São Paulo/Piracicaba: SESC-SP/SESC Piracicaba, 1992), 7.

10 Newton Cunha, *Dicionário Sesc: a linguagem da cultura* (São Paulo: Perspectiva, 2003).

11 See note 3 on Ilana Seltzer Goldstein, "Carmézia Emiliano: An Artist Not a Bit Naïve," present in this volume.

12 Danilo Santos de Miranda, 1992, op. cit., 7.

13 José Nazareno Mimessi, *Pintura primitiva (naïve): resultado de uma pesquisa* (Assis: Author's edition, 1991).

14 See Adriano Pedrosa, "Weaving of Fragments: A Conversation with Dalton Paula." In: Adriano Pedrosa, Glaucea Helena de Britto, and Lilia Moritz Schwarcz (eds.), *Dalton Paula: Brazilian Portraits* (São Paulo: MASP, 2022), 117.

15 It is worth mentioning that the depiction of women is a common matter in the artist's repertoire.

16 In a private conversation with the author.

17 Since 2019, Carmézia Emiliano has taken part in several exhibitions outside the scope of naïve art, such as *Vaivém* [To-And-From] (Centro Cultural Banco do Brasil—São Paulo, Brasília, Rio de Janeiro, and Belo Horizonte, 2019–20), curated by Raphael Fonseca; *Histories of Dance* (MASP, 2020), curated by Adriano Pedrosa, Olivia Ardui, and Julia Bryan-Wilson; *Moquém_Surarî: arte indígena contemporânea* [Moquém_Surarî: Contemporary Indigenous Art] (Museu de Arte Moderna de São Paulo, 2020), curated by Jaider Esbell (1979–2021); *Frestas — Trienal de Artes* [Frestas Art Triennial] (SESC Sorocaba, 2021), curated by Thiago de Paula, Bia Lemos, and Diane Lima; and *31º Programa de Exposições* [Exhibition Program] (Centro Cultural São Paulo, 2021), curated by Adelaide Pontes and Hélio Menezes.

18 Presented between February 1 and 2, 2018, the seminar is available at https://masp.org.br/seminarios/historias-das-mulheres-historias-feministas. Retrieved on January 6, 2023.

19 Besides being commissioned for *Histories of Dance*, Carmézia Emiliano is part of Art School, a visual project by the *Afterall* magazine and MASP, released during the COVID-19 pandemic, dedicated to investigating artworks that approach crucial subjects concerning teaching and learning. See Yuderkys Espinosa-Miñoso, "To Intervene in the Museum or to Dynamite it? Some Reflections on Art and Decoloniality." Available at http://www.afterallartschool.org/essays/to-intervene-in-the-museum-or-to-dynamite-it-some-reflections-on-art-and-decoloniality/. Retrieved on December 21, 2022.

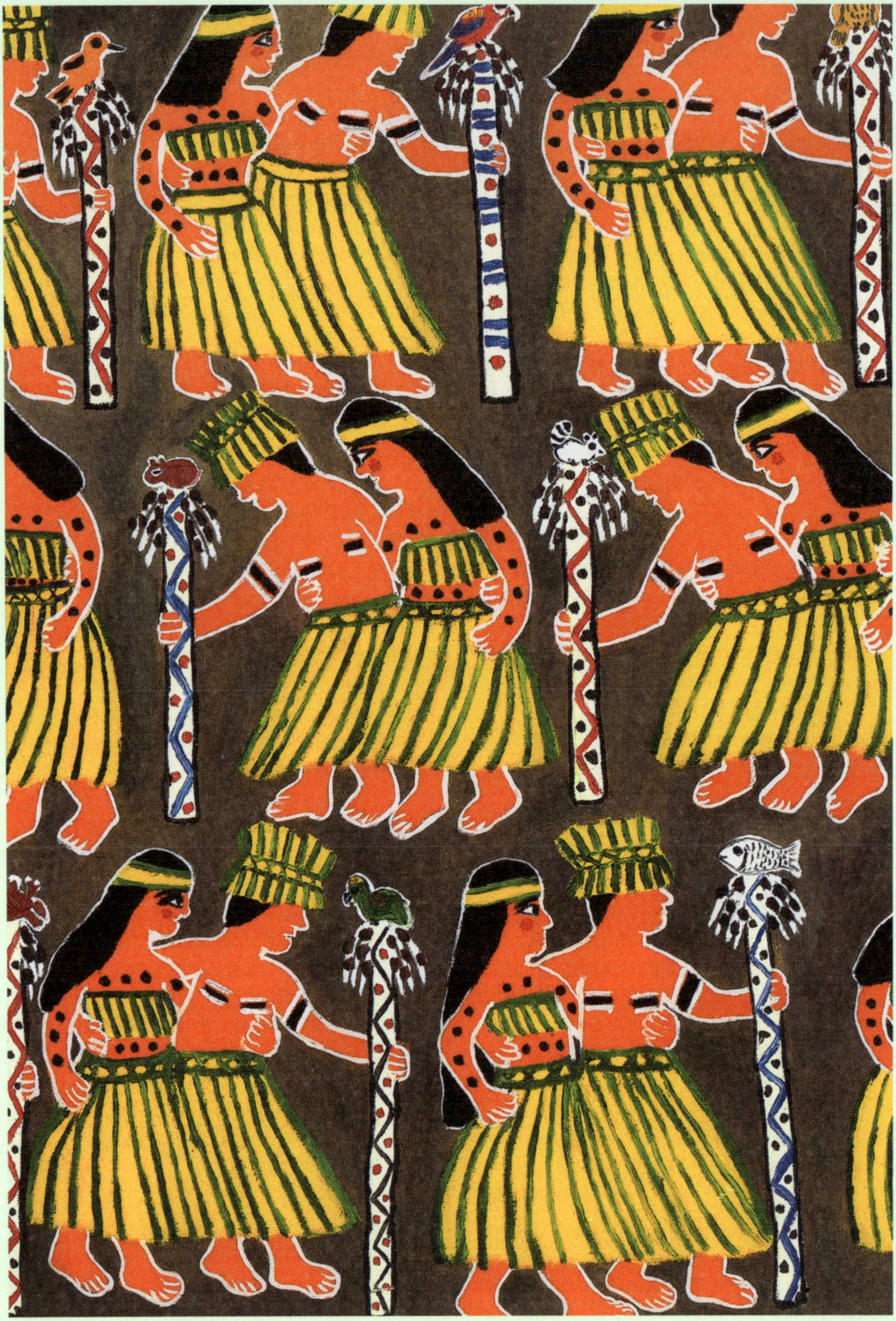

16

MALOCA DO JAPÓ: MEMÓRIAS DE MUNDOS EM TRANSFORMAÇÃO

Denilson Baniwa

MALOCA DO JAPÓ: MEMORIES OF CHANGING WORLDS

No princípio o mundo não existia.
As trevas cobriam tudo.
Enquanto não havia nada, apareceu
uma mulher por si mesma. Isso
aconteceu no meio das trevas.
Ela apareceu sustentando-se
sobre o seu banco
de quartzo branco.
Enquanto estava aparecendo, ela
cobriu-se com seus enfeites e fez
como um quarto. Esse quarto
chama-se Uhtãboho taribu, o
"Quarto de Quartzo Branco".
Ela se chamava Yebá Buró, a "Avó do
Mundo" ou, também "Avó da Terra.[1]
— Umusi Pãrõkumu e Torami-kehíri

A arte é irmã da história. Sem a gente-artista para fixar numa imagética o que se impõe lembrar no processo histórico, talvez as narrativas coloniais-oficiais não estivessem cravadas em nossas memórias. Diversos artistas, como Victor Meirelles (1832-1903), com *Primeira missa no Brasil* (1861) [img. 17], e Pedro Américo (1843-1905), com *Independência ou morte* (1888) [img. 19], foram essenciais para que o brasileiro acreditasse em uma história do Brasil inventada, uma ficção moderna. A história das nações originárias foi negada, pouca documentação se produziu sobre elas nos códigos brancos, em parte pelo parco interesse do Brasil pela escuta e pela ausência do direito à voz (obtido apenas na Constituição de 1988). Até então, indígenas nem sequer tinham o direito à autorrepresentação política, que dirá à autorrepresentação simbólica e histórica. Nesse sentido, a publicação do livro *Antes o mundo não existia: mitologia dos antigos Desana-Kẽ híripõrã*[2] (1980), de Umusi Pãrõkumu (Firmiano Arantes Lana) (1927-1990) e Torami-kehíri (Luiz Gomes Lana), é um marco na oficialização de outra história do Brasil, mesmo que esta ainda não circule nos livros escolares.

A narrativa oral transposta ao suporte físico de um livro instigou o artista Feliciano Lana (1937-2020)[3] [imgs. 18, 20] a criar uma imagética desana[4] e influenciou outros artistas indígenas até o que chamamos de arte indígena contemporânea. Da mesma maneira, Joseca Yanomami[5] [imgs. 21, 22], de posse do poder da voz e das técnicas pictográficas ocidentais, registrou os momentos do contato entre sua cultura e o mundo branco e as correlações com a cosmologia de seu povo. A figura do artista indígena contemporâneo, que atravessa o mundo e nos apresenta outras epistemologias e posições históricas não assumidas oficialmente pelo Estado, é essencial para a manutenção e a propagação dos pontos de vista epistemológicos e históricos dos sujeitos indígenas.

16.
Carmézia Emiliano
Parixara, 2020
(detalhe [detail])
img. 47

A artista Carmézia Emiliano, de origem macuxi,[6] nasceu e viveu na fronteira entre Brasil e Guiana. A estética presente em seus quadros transita entre influências de Feliciano Lana e de Joseca Yanomami, mas é capaz, de certo modo, de ir além deles

In the beginning, the world did not exist.
Darkness covered everything.
Out of this nothing, in the middle of this darkness, a woman appeared.
She appeared leaning against her bench made of white quartz.
She dressed herself in ornaments and built a room around herself made from stone.
This room is called Uhtãboho Taribu, the "Room of White Quartz."
She was called Yebá Buró, the "Grandmother of the World" and "The Grandmother of Earth." [1]

— Umusi Pãrõkumu and Torami-kehíri

Art is history's sister. Without artist-people to transform things that must be remembered from the historical process into images, perhaps official colonial narratives would not have been forced upon our memories. Several artists, like Victor Meirelles (1832–1903), with his painting *Primeira missa no Brasil* [The First Mass in Brazil] (1861) [img. 17], and Pedro Américo (1843–1905), with his *Independência ou morte* [Independence or Death] (1888) [img. 19], were fundamental in the process of making Brazilians believe in an invented history of Brazil, which lives on today as a modern fiction and in much of the official record. In contrast, the history of the first nations—of those Indigenous to the continent—has been repressed. Very little documentation can be found about them in books written by white Brazilians, partly because of a meager interest in listening to their stories, and an erasure of the right to have a voice (obtained only in Brazil's 1988 Constitution). Until then, Indigenous people did not even have the right to political self-representation, let alone symbolic and historical self-representation. In this sense, the publication of the book *Antes o mundo não existia: mitologia dos antigos Desana-Kẽhíripõrã* [The World Didn't Exist Before: The Mythology of the Ancient Desana-Kẽhíripõrã][2] (1980), by Umusi Pãrõkumu (Firmiano Arantes Lana) (1927–1990) and Torami-kehíri (Luiz

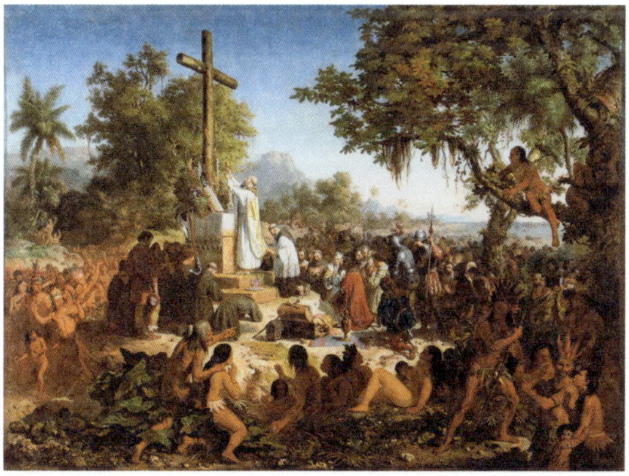

17.
Victor Meirelles
Primeira missa no Brasil
[First Mass in Brazil], 1861
Óleo sobre tela
[Oil on canvas], 268 × 356 cm
Museu Nacional de Belas Artes,
Rio de Janeiro, Brasil

artisticamente. Sua produção não se restringe nem ao cosmogônico nem ao contato, pois representa e elabora a hibridização cultural pós-contato, em que a cultura ancestral macuxi resiste e se adapta às novas realidades trazidas com a colonização da região amazônica. Suas obras, muitas vezes feitas com o uso do algodão, nos apresentam cenas de danças e cantos num mundo em trânsito, no qual a cultura macuxi se assenta sobre técnicas ocidentais ressignificadas e que servem de apoio para a continuidade de sua existência enquanto nação. O tear trazido pelos padres europeus convive com os grafismos; a dança parixara é embalada

posse dos seus pensamentos. Ela, então, nos apresenta a Maloca do Japó, sua juventude, os segredos da damurida,[7] da parixara e de outros elementos que, num conjunto, formam sua identidade indígena roraimense. A artista declara a história macuxi, na qual o que poderia perecer à extinção (como a chegada do gado e das fazendas) se transforma em resistência. Nas lutas pelo território — e quando finalmente o consegue de volta —, o que sobra são índices do invasor e o que era do estrangeiro logo é absorvido como estratégia de luta, tornando os indígenas donos do gado e das fazendas, mas agora em um sistema compartilhado de gestão.

18.

Feliciano Lana
Mito de Kamaueni e a origem do aracu-de-pau e outros peixes
[Myth of Kamaueni and the Origins of Aracu-de-pau and Other Fish], 2013-14
Aquarela, guache, lápis e caneta sobre papel [Watercolor, gouache, pencil, and pen on paper], 21 × 30 cm
Museu da Amazônia, Manaus, Brasil

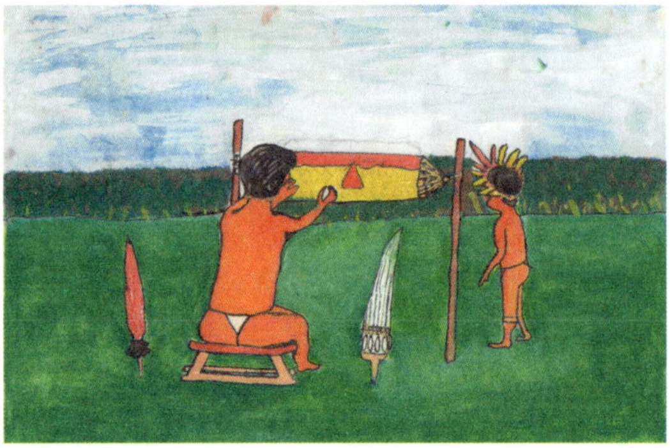

por notas de violão; a caça e a pesca se apoderam de ferramentas e armas dos brancos — tudo segue como Makunaima previu: a aldeia atravessa a cidade, e tudo coexiste num mundo onde o isolamento fica cada dia mais impossível.

Carmézia Emiliano, na fronteira entre mundos, nos traz essa mudança de tempo e história em que ser Macuxi é mais que ser aldeado — é ter memória e alimentá-la cotidianamente. Quando de posse de seus pincéis, tintas e telas, é como Yebá Buró de

Nessa narrativa artística, chegamos até sua vida em Boa Vista, capital de Roraima. É ali que Emiliano pode observar suas memórias e criar um mundo pictórico, ao mesmo tempo que apreende esse novo lugar, onde deveria ficar e permanecer. Agora longe da Maloca do Japó, seu território, sua existência e sua identidade são a própria memória. Enquanto Feliciano Lana se ocupa em traduzir o complexo código da cosmologia desana, de modo a nos letrar em sistemas complexos de

Gomes Lana), is a watershed moment as it marks the emergence of a new, official Indigenous history of Brazil, even if it does not yet appear in schoolbooks.

The translation of Desana oral narratives into a physical book prompted artist Feliciano Lana (1937–2020)[3] [imgs. 18, 20] to create some Desana imagery,[4] whose work has influenced other Indigenous artists to portray their stories. These contributions from many communities have become a part of what we now call Indigenous contemporary art. Similarly, Joseca Yanomami[5] [imgs. 21, 22] has recorded moments of contact between his culture and the white world, as well as drawn correlations with his people's cosmology and of those from other cultural frameworks, making use of the power of voice and Western pictorial techniques. The figure of the Indigenous contemporary artist, who traverses different worlds and presents us with alternative epistemologies and historical positions that are not officially adopted by the state, is crucial to maintain and spread the epistemological and historical points of view of Indigenous peoples.

The artist Carmézia Emiliano, of Macuxi origin,[6] was born and raised on the border of Brazil and Guiana. The aesthetic of her paintings incorporates influences from Feliciano Lana and Joseca Yanomami; however, she is able to go beyond them artistically. Her practice is not restricted to cosmogony or contact; it represents and formulates a post-contact mode of cultural hybridization, in which the ancestral culture of the Macuxi people resists and is adapted to the new realities introduced by the colonization of the Amazon region. Her works—often made with cotton—present us with scenes of dancing and singing in a world in transit, in which the Macuxi culture draws on Western techniques that are re-signified and support the continuity of its existence as a community and as a nation. The weaving looms brought by European priests coexist with graphics; the parixara dance is accompanied by the guitar; hunting and fishing are practiced using weapons and tools brought by the whites. Everything moves on as Makunaimî had predicted: the Indigenous village adopts aspects of the life of the city, and everything coexists in a world where isolation is something increasingly impossible.

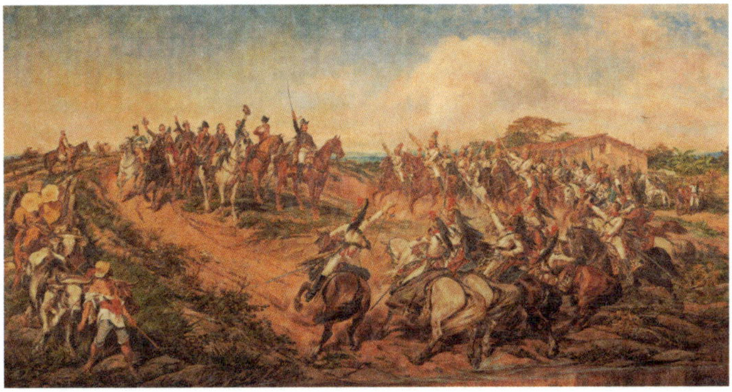

19.

Pedro Américo
Independência ou morte
[Independence or Death], 1888
Óleo sobre tela
[Oil on canvas], 415 × 760 cm
Museu Paulista da Universidade
de São Paulo, Brasil

mundos e supramundos que são mediados pelos pajés, Carmézia Emiliano nos apresenta uma cultura macuxi em transformação constante, na qual os mundos indígena e branco precisam convergir para que o povo resista à violência permanente do Estado. Dessa forma, vemos em obras da artista, como *Aprendendo* (2022) [img. 60], que o ensino das línguas macuxi e português é tão importante quanto o aprendizado de fazer cerâmica, do tear de algodão, do dançar parixara e do tecimento de cestarias de fibras. Noutras obras, a artista nos apresenta o uso de ferramentas não indígenas, bem como de animais trazidos pelo colonizador (cachorros, cavalos e gado); porém, ao contrário de Joseca Yanomami, o agregamento das novidades do branco não é um modo de negociar com o estrangeiro, mas de conquistar a autonomia sobre o próprio território. E nós, como espectadores, somos convidados a conhecer o território macuxi pelas memórias resistentes da artista.

Terra Indígena Raposa Serra do Sol: território dos netos de Makunaimî

upatakon kîpî homologação
morokookon pataase homologação
wikasa`koopana presidente Lula ya
wikasa man
wikasa man wikasa man koopana
presidente lula ya wikasa man
moro'kookon pataase homologado.[8]

Antes de adentrarmos no mundo macuxi, é preciso que saibamos a quem pertence esse território que ignora fronteiras e Estados. Vinculados a um conjunto de povos que compartilham a sociogeografia do Brasil, da Venezuela e da Guiana, os Macuxi têm em sua cosmologia a presença do Makunaimî, o herói que ajuda no estabelecimento do mundo como ele é hoje. Ora sozinho, ora com a presença-ajuda de seus filhos-irmãos Anikê e Insirikan — sendo juntos os avôs ancestrais dos Macuxi —, são eles que elaboram a mudança dos tempos antigos para que os humanos possam viver nos tempos atuais. Nota-se que a primeira menção escrita sobre Makunaimî chega ao sudeste na década de 1920 pelas letras do etnólogo alemão Theodor Koch-Grünberg (1872-1924).[9] Seu diário de viagem, em posse do modernista Mário de Andrade (1893-1945),[10] é transformado, tornando-se Macunaíma, o herói sem nenhum caráter. A expropriação da memória macuxi (seja ela intencional ou não) nos fez conhecer um Macunaíma e silenciar o Makunaimî por um bom tempo. Embora desconhecido pelo Brasil, Makunaimî continuou vivo em suas terras de origem. No exercício de pensar sobre violências coloniais, tendemos a afirmar sobre a agência de Koch-Grünberg e Andrade como mais um dos muitos extrativismos reproduzidos pela branquitude. No entanto, como Makunaimî contou ao artista Jaider Esbell (1979-2021),

> *Meu filho, eu me grudei na capa daquele livro. Dizem que fui raptado, que fui lesado, roubado, injustiçado, que fui traído, enganado. Dizem que fui besta. Não! Fui eu mesmo que quis ir na capa daquele livro. Fui eu que quis acompanhar aqueles homens.*

Carmézia Emiliano, on the border between worlds, travels through time and history, because being a Macuxi is more than being a villager—it is to have memories and to nourish them through the act of remembering them daily. When in the command of her paintbrushes, paints, and canvases, she is like Yebá Buró in charge of her thoughts. She introduces us to Maloca do Japó, her youth, the secrets of the Damurida[7] dish, and other elements of her work that, together, shape her Indigenous identity as a Macuxi from the state of Roraima. The artist celebrates the history of the Macuxi. Emiliano transforms the events that could have led to the extinction of the Macuxi people (such as the arrival of cattle farms) into a story of resistance. In their struggle for territory—and when they finally get it back—the signs of the invader are all that is left; alien things are soon absorbed as a strategy for survival. Indigenous people become the owners of farms and of cattle, but now within a shared management system.

In her artistic narrative, we arrive at her life in the city of Boa Vista, capital of Roraima state. It is there that Emiliano can envision the visual landscape of her memories to create a pictorial world at the same time that she is adjusting to living in this new place, where she would have to remain. Now far away from Maloca do Japó, her territory, her existence, and her identity exist for her as memory itself. Whilst Feliciano Lana is occupied with translating the complex code of Desana cosmology, as a way of instructing us on the complex worlds and supra-worlds mediated by the pajés, Carmézia Emiliano introduces us to her Macuxi culture in constant transformation, in which the white and Indigenous worlds must converge so people can resist the violence constantly perpetrated by the state. As such, we see in works such as *Aprendendo* [Learning] (2022) [img. 60] that the teaching of the Macuxi language alongside Portuguese is as important as instruction in ceramics and in weaving, in how to dance parixara and how to make baskets. In other works, the artist reveals her use of non-Indigenous tools, as well as animals brought by the colonizer (dogs, horses, and cattle); however, in contrast to

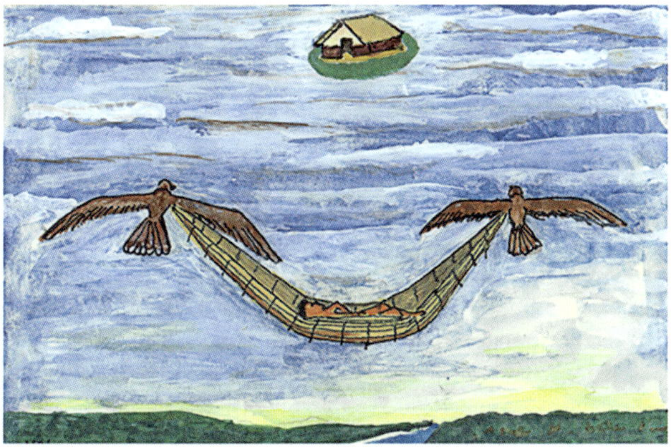

20.
Feliciano Lana
Mito de Kamaueni e a origem do aracu-de-pau e outros peixes
[Myth of Kamaueni and the Origins of Aracu-de-pau and Other Fish], 2013-14
Aquarela, guache, lápis e caneta sobre papel [Watercolor, gouache, pencil, and pen on paper], 21×30 cm
Museu da Amazônia, Manaus, Brasil

> *Fui eu que quis ir fazer a nossa história. Vi ali todas as chances para a nossa eternidade. Vi ali toda a chance possível para que um dia vocês pudessem estar aqui, junto com todos. Agora vocês estão juntos com todos eles e somos de fato uma carência de unidade. Vi vocês no futuro. Vi e me lancei. Me lancei dormente, do transe da força da decisão, da cegueira de lucidez, do coração explodido da grande paixão. Estive na margem de todas as margens, cheguei onde nunca antes nenhum de nós esteve. Não estive lá por acaso. Fui posto lá para nos trazer até aqui.*[11]

Nesse sentido, podemos exercitar sobre a autoagência de Makunaimî, que possibilitaria aos Macuxi apresentar no contemporâneo o que foi perdido por Koch-Grünberg e Mário de Andrade.

Para que possamos conhecer o território que Carmézia nos apresenta, é preciso reconhecer os Netos de Makunaimî, e isso, de certa maneira, torna-se parte do modo como a artista nos conta a presença indígena em Roraima. Emiliano vale-se de sua reminiscência e nos dá chão firme para que possamos caminhar seguros nesse território. O sequestro de Makunaimî possibilitou aos sudestinos, agora no Museu de Arte de São Paulo Assis Chateaubriand (MASP) e guiados pela artista, a visita à Terra Indígena Raposa Serra do Sol, morada dos seus netos. Makunaimî, como previsto, cumpre seu desejo ao se deixar sequestrar pelo mundo dos brancos.

Obras como *Lenda do monte Roraima* (2007) [img. 23] nos apresentam o que fora um dia a "grande árvore de todos os frutos", que abastecia os povos da região até que, derrubada por Makunaimî e seus irmãos, acabou por acidente cobrindo o mundo com seus frutos diversos. No entanto, ao nos trazer obras que contam sobre os tem-

21.

Joseca Yanomami
Ai yanomae thë xapiripruu tëhë, xapiri pë ithuu ha-inaha pë kuai. Prahaii hamë xapiri pë ithuu, ahete hamë xapiripë ithoimi. Kuë yaro kamapë urihipë ã ha hayumamuu makii, ai yanomae yamaki xapiri maowi yamaki ni yama thëã hiriã totihi praimi, 2011

[Quando um Yanomami torna-se xamã é assim que os espíritos descem até ele. Os xapiripë descem de muito longe, não vêm de perto. Por isso, ainda que falem sobre suas terras, nós — não xamãs — não entendemos bem suas palavras]

[When a Yanomami becomes a shaman this is how the spirits come down to him. The xapiripë come down from very far away, not from close by. That is why, even though they speak of their lands, we—the non-shamans—don't understand their words very well]

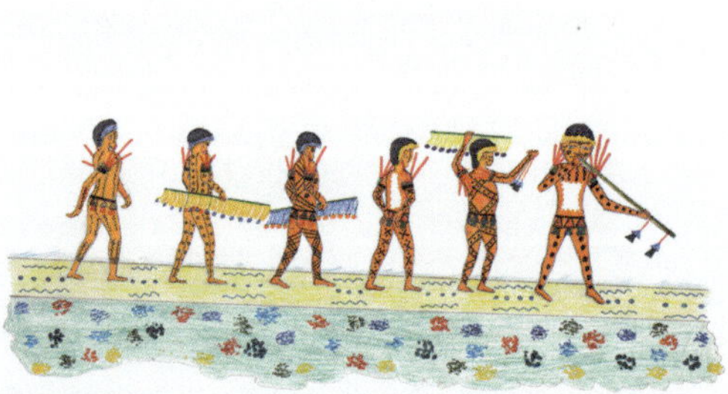

Grafite, lápis de cor, tinta de caneta hidrográfica e giz de cera sobre papel [Graphite, color pencils, hydrographic pen ink, and crayon on paper], 30 × 42 cm
Museu de Arte de São Paulo Assis Chateaubriand, doação [gift], Clarice O. Tavares, 2021, MASP.11278

Joseca Yanomami, the assemblage of white influences does not attempt to negotiate with the foreign, but instead is incorporated to achieve autonomy over one's territory. And we, the viewers, are invited to get to know the Macuxi territory through the artist's memories of resistance.

Raposa Serra do Sol Indigenous Land: The Land of Makunaimî's Grandchildren

upatakon kîpî approval
morokookon pataase approval
wikasa`koopana president Lula ya wikasa man
wikasa man wikasa man koopana president lula ya wikasa man
moro'kookon pataase approved.[8]

Before we take ourselves into the Macuxi world, we must know who owns the land that ignores borders and states. Linked to a group of people that share the social geography of Brazil, Venezuela, and Guiana, the Macuxi cosmology features the figure of Makunaimî, the hero who has made the world what it is today. Along with the help of his children-siblings Anikê and Insirikan—who altogether are the ancestral grandparents of the Macuxi—he has changed ancient times so that humans can live in the present time. The first written mention of Makunaimî in the southeast of Brazil is from the 1920s, and is recorded in the writings of German ethnologist Theodor Koch-Grünberg (1872–1924).[9] His travel diary, in the hands of Brazilian modernist writer Mário de Andrade (1893–1945),[10] was transformed into the book *Macunaíma, o herói sem nenhum caráter* [Macunaíma: The Hero with No Character] (1928). The expropriation of the Macuxi memory (whether done intentionally or not) meant we got to know a Macunaíma, but it silenced the story of Makunaimî for a long period. Unknown across Brazil, Makunaimî remained alive in his land of origin. In our exercises of thinking about colonial violence, we tend to see the agency of Koch-Grünberg and Andrade as one of the many extractive actions performed by whiteness in colonized Brazil. However, as Makunaimî himself communicated to the artist Jaider Esbell (1979–2021):

> *My son, I stuck to the cover of that book. They say I was kidnapped, that I was injured, stolen, wronged, that I was betrayed, deceived. They say I was a fool. No! It was me who wanted to get to the cover of that book. It was me who wanted to follow those men. It was me who wanted to make our history. I saw in it all the chance for our eternity. I saw in it a chance so that one day you could be here, with everyone. Now you are together with all of them, but we are, in fact, lacking in unity. I saw you in the future. I saw you and threw myself in. I threw myself dormant, through trance, power, decision, the blindness of lucidity, my heart exploding in great passion. I was at the bank of all banks, I arrived where no one of us has ever been. I was not there by chance. I was put there to bring us here.*[11]

pos dos heróis da criação, a artista não cumpre apenas o papel de narradora cosmológica dos Macuxi, ela nos prepara para que possamos compreender a conexão entre seu povo e o território, que se expande além da Maloca do Japó. Obras que trazem o monte Roraima, lago Caracaranã, os ancestrais Makunaimî, Anikê e Insirikan e seus feitos são importantes para que possamos, ao olhar para outras obras, como *Pescadores* (2008), *Timbó* (2009) e *Pimenta é ouro* (2010) [imgs. 77, 46], compreender que a ocupação dos arredores do monte Roraima se dá como herança direta dos feitos desses heróis conforme a história macuxi.

Carmézia segue criando possíveis continuidades da memória de seu avô Makunaimî com sua arte.

Arte naïf ou Arte Indígena Contemporânea: catalogações num mundo em branco

pirimooko yapîyai enu'kui
pirimooko yapîyai enu'kui
pirimooko yapîyai enu'kui
turuupan tuna enaya
turuupan tuna enaya.[12]

A gente caça beleza no mundo, na paisagem, em tudo que é lugar [...]. Há limitações enormes para alcançarmos uma outra expressão em qualquer idioma para falar da experiência de um pensamento potente, que se comunica em diferentes direções com transmundos, que transita e que tem o poder de criar reações em cadeia nos ambientes nos quais esses pensamentos são emitidos, nos quais são exprimidos.[13]

— Ailton Krenak

22.

Joseca Yanomami
Seisi tha a parikiha, rêxê thotho kine para sisiripe xe, Ayõkõrãri pe xe, ixarori pe xe, peãne pata here prararaa kurati. Seisi tha a parikisi pata prerehe reakura kiri. Kami xapiri inahã yamaki urihipe kue nikeru, kue yaro xapiri yai yayoai. Xapiri yamaki pirio wi yama the urihiã ha hayumai tehe theã hirimuu yayoa, 2013

[Nesta terra tem o peito do pássaro saíra azul, a árvore rêxê thotho cheia de pássaros saíra azul, o som do Ayõkõrari, espírito do japim e Ixarori, o espírito do japim guacho. Nesta terra os pingos de chuva caem embaixo da árvore. Rio abaixo, tem muito saíra azul. Nossa terra dos *xapiri* é misturada e por isso os *xapiripë* são realmente diferentes. Quando nós, *xapiri*, falamos sobre a terra onde moramos, as descrições parecem muito diferentes]

[In this land there is the breast of the bluedacnis, the the rêxê thotho tree full of blue saíra birds, the sound of Ayõkõrari, the japim bird and Ixarori bird spirit, the orphan japim bird spirit. In this land the raindrops fall under the tree. Down the river there are many bluedacnis. Our land of the *xapiri* is a mixed form, and so the *xapiripë* are really different. When we, the *xapiri*, talk about the land where we live, the descriptions seem very different]

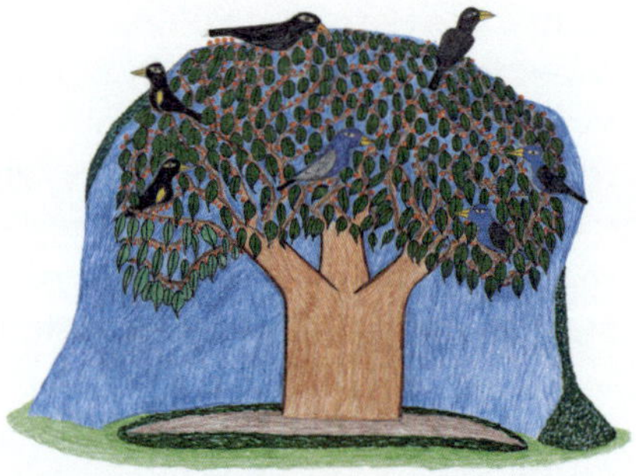

Grafite, lápis de cor e tinta de caneta hidrográfica sobre papel [Graphite, color pencils, and hydrographic pen ink on paper], 30 × 42 cm
Museu de Arte de São Paulo Assis Chateaubriand, doação [gift], Clarice O. Tavares, MASP.11268

In this sense, we can consider the ongoing agency of Makunaimî, who supports the Macuxi in the process of bringing to life what had been lost by Koch-Grünberg and Mário de Andrade in the present day.

Through this narrative, we can understand the territory that Emiliano is presenting to us, and we must recognize the living grandchildren of Makunaimî, and this, to a certain extent, becomes part of the way that the artist tells us of the Indigenous presence in Roraima. Emiliano makes use of her reminiscences to provide us with a firm ground on which we can walk safely across her territory. The kidnapping of Makunaimî has allowed southeastern Brazilians, now through the exhibition at the Museu de Arte de São Paulo Assis Chateaubriand (MASP) and guided by the artist, to visit the Raposa Serra do Sol Indigenous Land, the home of his grandchildren. Makunaimî, as predicted, fulfills his desire to let himself be kidnapped by the white world.

Works such as *Lenda do monte Roraima* [Legend of Mount Roraima] (2007) [img. 23] reveals to us what one day was "the large tree of all fruits," which fed the people of that region until it was felled by Makunaimî and his brothers, and ended up covering the entire world, by accident, with all its diverse fruits. However, by presenting us with works that tell us about the time of the heroes of creation, the artist is not only playing the role of the cosmological narrator of the Macuxi, but she is also preparing us so we can understand the connection between her people and the land, which expands beyond Maloca do Japó. The works featuring Mount Roraima, Caracaranã Lake, the ancestors Makunaimî, Anikê, and Insirikan, and their deeds provide an important foundation with which so to consider her other artworks, such as *Pescadores* [Fisherpeople] (2008), *Timbó* (2009), and *Pimenta é ouro* [Pepper is Gold] (2010) [imgs. 77, 46], so that we can understand that the occupation of Mount Roraima's surrounding areas is a direct legacy of the deeds performed by these heroes, according to Macuxi history.

Emiliano continues to create possible links between the memory of her ancestor Makunaimî and her art.

Naïve Art or Indigenous Contemporary Art: Categorization in a White World

pirimooko yapîyai enu'kui
pirimooko yapîyai enu'kui
pirimooko yapîyai enu'kui
turuupan tuna enaya
turuupan tuna enaya.[12]

We hunt beauty in the world, in the landscape, everywhere [...]. There are huge limitations for us to achieve another expression in any other language to talk about the experience of a powerful thought, communicated in different directions across

Carmézia foi catalogada como produtora de arte naïf, antes chamada de arte "bruta" ou "popular", pois os não Macuxis reconheceram em seu repertório o que lhes parecia familiar, comum em seu vocabulário. Colocá-la na estante do naïf ou mesmo da arte indígena contemporânea não alcança o transbordamento da memória da artista. Quando a borda da categorização não comporta mais o extramundo, aí chega na arte de Carmézia Emiliano. O que não é dito em tintas, pincéis ou tela é o que não pode ser classificado. A história macuxi não é apenas a linha visível da passagem do tempo, mas uma transcriação de mundos que se atropelam. Emiliano espreita e captura a pintura de onça, papagaio, porco-do-mato, abelhas, beija-flores, peixes, pica-paus, araras, mutuns e tucanos; mas também, com sua arapuca-arte, fixa em tela a memória da caxiri, parixara, algodão, cerâmica e tudo aquilo que a faz ser Macuxi. Esse modo de recordar e gravar não caberia num termo preexistente do mundo branco. É preciso um exercício de caçar uma palavra no mundo macuxi que signifique para além do vocabulário da arte ocidental. Assim deve ser, quando colocados diante da criação de artistas taurepang, tikuna, guarani ou qualquer outra nação indígena.

Há de se fazer um exercício de alteridade, pois Carmézia Emiliano não está nem no final nem no começo da arte macuxi. Ela está na travessia. E, nesse lugar, não cabem classificações, pois seria uma racionalização entre o viver e o fazer arte, separação esta que Ailton Krenak não percebe "em nenhuma das matrizes de pensamentos de povos originários que conheci. Todo mundo que eu conheço dança, canta, pinta, desenha, esculpe, faz tudo o que o ocidente atribui a uma categoria de gente, que são os artistas".[14] Essa separação ou catalogação congela o artista de origem indígena e o desliga de sua alteridade. Há de se ter coragem e extrapolar as fronteiras e epistemologias. Nessa travessia de mundos e memórias, saindo da Maloca

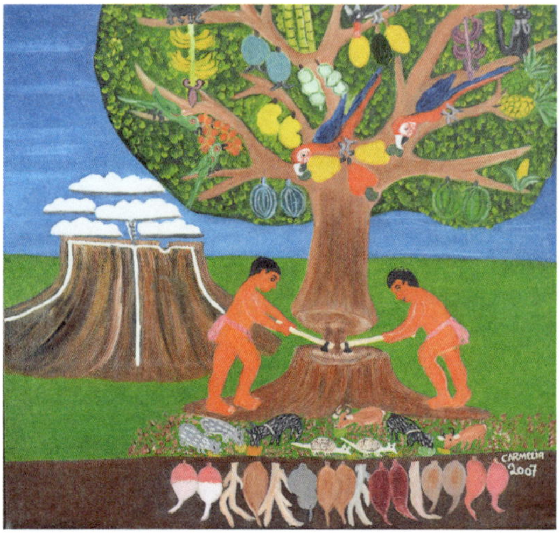

23.
Carmézia Emiliano
Lenda do monte Roraima
[Legend of the Mount Roraima], 2007
Óleo sobre tela, 60 × 60 cm
Coleção da artista
[Collection of the artist],
Boa Vista, Brasil

worlds, and which transits and has the power to generate chain reactions in the environments from which those thoughts emanate, [and] in which they are expressed.[13]
—Ailton Krenak

Carmézia has been categorized as a maker of naïve art, previously called "brute" or "popular" art. Non-Macuxi people identified in her repertoire something that looked familiar, something held in common with their own vocabulary. To put her on the shelf of naïve art or even Indigenous contemporary art is not enough to encompass the overflow of the artist's memory. When the framing of categorization can no longer hold what it attempts to contain, then we get to the art of Carmézia Emiliano. That which cannot be said with paint, brush, and canvas is that which cannot be classified. Macuxi history not only documents the passage of linear time but is a transcreation of worlds that bleed into one another. Emiliano sees and captures the image of the jaguar, the parrot, the boar, bees, hummingbirds, fishes, woodpeckers, macaws, curassows, and toucans in painting; but also, with her art-trap, she fixes memories of the caxiri drink, the parixara dance, cotton, ceramic, and everything that makes her feel Macuxi to the canvas. This way of remembering and recording could not fit into a preexisting idea devised by the white world. It is necessary to engage in an exercise of hunting for words in a Macuxi world with meanings that go beyond the vocabulary of Western art. And so it should be when we are placed before the creations of artists from the Taurepang, Tikuna, Guarani, or any other Indigenous nation.

It is necessary to incorporate alterity into an understanding of her work, given that Carmézia Emiliano is neither at the end nor the beginning of Macuxi art. She is at the crossing, where no classification is fitting, as it would mean a rationalization of a separation between living and the practice of making art, a separation that Ailton Krenak has not seen "in the thinking framework of any of the original [Indigenous] people I have met. Everyone that I know dances, sings, paints, draws, sculpts, everyone makes everything that the West has attributed to a category of people, which are the artists."[14] This act of separation or categorization freezes the Indigenous artist, disconnecting them from their alterity. It takes courage to extrapolate frontiers and epistemologies. In this crossing of worlds and memories, moving from Maloca do Japó to MASP, Carmézia Emiliano is at the same time Yebá Buró, creating conditions for the survival of Macuxi narratives that shall remain whilst having an influence on the history of art in Brazil, and Makunaimî, the Macuxi hero who, by taking down the Wazaká, spreads Macuxi colors and tastes to all of us, the illiterates on this side of the world.

On the threshold between memory and history, Emiliano is the protagonist of her own act of resistance by acknowledging the impact of the city on Indigenous life without ceasing to be who she has always been: Macuxi, the granddaughter of Makunaimî, and one who holds the power of creating narratives. In the same way that Victor Meirelles and Pedro Américo do Japó até o MASP, Carmézia Emiliano é ao mesmo tempo Yebá Buró, criando condições de sobrevivência das narrativas da origem macuxi que perdurarão enquanto tivermos história da arte no Brasil, e Makunaima, o herói macuxi que, ao derrubar Wazaká, espalha cores e sabores macuxi a nós, iletrados desse outro lado do mundo.

Na borda entre memória e história, Emiliano é a protagonista de sua própria resistência no trânsito entre aldeia e cidade, mas sem deixar de ser quem sempre foi: Macuxi, neta de Makunaimî e artista, agora de posse do poder de criar narrativas. Assim como Victor Meirelles e Pedro Américo escrevem e reescrevem a história de ocupação, resistência e de possíveis futuros para os Macuxi e suas circunvizinhanças indígenas, a chegada dessas produções artísticas aos museus e publicações nos códigos dos brancos talvez nos faça compreender o país no qual vivemos. E a nós cabe entrar em suas obras, como alunos em suas salas de aulas pintadas em tela, sentar-se e aprender a escutar a arte e a história de Carmézia Emiliano.

Denilson Baniwa nasceu em Mariuá, rio Negro, no Amazonas. Artista visual e comunicador, produz seus processos artísticos e sociais a partir das relações entre o Movimento Indígena Amazônico e o universo não indígena.

NOTAS

1 Umusi Pãrõkumu e Torami-kehíri, *Antes o mundo não existia: mitologia dos antigos Desana-Kẽhíripõrã*. 2. ed. São João Batista do Rio Tiquié/São Gabriel da Cachoeira: UNIRT/FOIRN, 1995 [1. ed. 1980].

2 Ibid.

3 Feliciano Lana foi um artista de origem desana, nascido em São João Batista, rio Tiquié, Terra Indígena Alto Rio Negro, no Amazonas. Seu trabalho é composto por técnicas de desenho e aquarela para retratar episódios da cosmogonia de seu povo. Por meio de sua produção é possível ter uma compreensão mais clara de conceitos e perspectivas complexas que extrapolariam o limite da narrativa oral. Em maio de 2020, Lana faleceu após complicações causadas pela covid-19.

4 Desana: autodenominam-se Imiko-masã. No Amazonas, habitam principalmente o rio Tiquié e seus afluentes, além de trechos do rio Uaupés e rio Negro.

5 Joseca Yanomami nasceu na década de 1970, na região do Demini, Terra Indígena Yanomami, no Amazonas. Desde 2003, suas obras são exibidas em importantes instituições de arte e ajudam a fortalecer a luta yanomami e a divulgar os saberes dos indígenas para o Brasil e o mundo. Ver Adriano Pedrosa e David Ribeiro (orgs.), *Joseca Yanomami: nossa terra-floresta*. São Paulo: MASP, 2022.

6 Macuxi: povo indígena que habita a região do monte Roraima, entre o Brasil, a Venezuela e as Guianas. De filiação linguística karib, a população macuxi no Brasil é estimada em torno de 33 mil pessoas, ocupando, principalmente, áreas de campo e de serras no extremo norte do estado de Roraima.

write and rewrite the history of occupation, resistance, and possible futures for the Macuxi and their Indigenous neighbors, the arrival of these artistic practices into museums and publications still operating under the influence of white codes perhaps can lead us to understand the country we live in. It is up to us to fully commit to being transformed by their works, like pupils in classrooms painted on canvases, sitting down and learning to listen to the art and history of Carmézia Emiliano.

Translated from the Portuguese by Adriana Francisco.

Denilson Baniwa was born in Mariuá, Negro River, in the Brazilian state of Amazonas. As a visual artist and spokesperson he devises artistic and social processes drawing on the relationships between Amazonian Indigenous movements and the non-Indigenous world.

NOTES

1 Umusi Pãrõkumu and Torami-kehíri, *Antes o mundo não existia: mitologia dos antigos Desana-Kẽhíripõrã*. 2. ed. (São João Batista do Rio Tiquié/São Gabriel da Cachoeira: UNIRT/FOIRN), 1995.

2 Ibid.

3 Feliciano Lana was a Desana artist, born in São João Batista, Tiquié River, Alto Rio Negro Indigenous Land, in the state of Amazonas. His work is comprised of drawings and watercolors that depict the cosmological knowledge of his people. Through his practice we can better understand complex concepts and viewpoints that go beyond the limitations of oral narrative. In 2020, Lana passed away due to COVID-19 complications.

4 The Desana people self-identify as Imikomasã. In the state of Amazonas, they mostly live on the banks of the Tiquié River and its affluents, as well as in portions of the Uaupés and Negro Rivers.

5 Joseca Yanomami was born in the 1970s, in the region of Demini, Yanomami Indigenous Land, in the state of Amazonas. Since 2003, his works have been featured in major art institutions and have helped the Yanomami fight for their rights and to disseminate Indigenous knowledge across Brazil and the world beyond. See Adriano Pedrosa and David Ribeiro (eds.), *Joseca Yanomami: Our Forest-Land* (São Paulo: MASP, 2022).

6 Macuxi is an Indigenous people that inhabit the region of Mount Roraima, between Brazil, Venezuela, and Guiana. Associated through their shared Karib language heritage, it is estimated that there are around thirty-three thousand Macuxi people in Brazil who mainly occupy fields and hills in the extreme north of the state of Roraima.

7 A typical dish in Macuxi cuisine, made of fish broth with lots of chili and other herbs.

7 Prato típico da culinária macuxi, consiste num caldo de peixe com bastante pimenta e outras ervas.

8 Devair Antônio Fiorotti e Bernardina José Pedro, *Cantos e encantos: Meriná eremukon*. São Paulo/Boa Vista: Patuá/Wei, 2019. Em macuxi, algo como: "O limite da nossa terra está homologado / o limite dos peixes está homologado / o presidente Lula assinou, o presidente assinou / assinou o presidente assinou, ele assinou, assinou / o limite dos peixes está homologado". Em 15 de abril de 2005, foi assinada a homologação da Terra Indígena Raposa Serra do Sol, em Roraima, garantindo aos Macuxi, Taurepang, Wapixana e Ingarikó o seu direito originário sobre a terra que habitam. Essa canção faz parte do repertório chamado "Cantos da Homologação".

9 O etnólogo alemão Theodor Koch-Grünberg, entre os anos de 1903 e 1905, estudou povos indígenas que habitavam as regiões dos rios Negro, Vaupés e Japurá, no noroeste do Brasil. Entre 1911 e 1913, ele viajou pelo norte do Brasil e pela Venezuela investigando as comunidades indígenas locais. Ele contatou dezenas de povos indígenas, estudou sua mitologia, cultura material e línguas.

10 Mário de Andrade foi um escritor brasileiro. Além de poeta, foi romancista, contista, crítico literário, professor e pesquisador de manifestações musicais. Teve papel importante na implantação do modernismo no Brasil, tornando-se uma das figuras mais importantes da chamada Geração de 22. O romance *Macunaíma, o herói sem nenhum caráter* (1928) é considerado sua criação máxima.

11 Jaider Esbell, "Makunaima, meu avô em mim!". In: André Mesquita e Lilia Moritz Schwarcz (orgs.), *Histórias brasileiras. Vol. 2. Antologia*. São Paulo: MASP, no prelo.

12 Em macuxi, algo como: "Com a asa da libélula, subi a correnteza da cachoeira".

13 Ailton Krenak, *Tembetá: Ailton Krenak*. Rio de Janeiro: Azougue, 2017.

14 Ibid.

8 Devair Antônio Fiorotti and Bernardina José Pedro, *Cantos e encantos: Meriná eremukon*. São Paulo/Boa Vista: Patuá/Wei, 2019. In Macuxi, this roughly translates to: "The borders of our land are approved; the borders of our fish are approved; President Lula signed it; the President signed it; the President signed, signed, he signed, signed; the fish borders are approved." On April 15, 2005, the approval of the Raposa Serra do Sol Indigenous Land, in Roraima, was signed, securing original land rights for the Macuxi, the Taurepang, the Wapixana, and the Ingarikó peoples. This song is part of the repertoire called "Cantos da Homologação" [Songs of Homologation].

9 Between 1903 and 1905, German ethnologist Theodor Koch-Grünberg studied the Indigenous peoples that inhabited the regions on the banks of the Negro River, the Vaupés River and the Japurá River, in northwestern Brazil; between 1911 and 1913 he traveled to the northern regions of Brazil and Venezuela to investigate local Indigenous communities. He contacted dozens of Indigenous peoples to study their mythology, material culture, and languages.

10 Mário de Andrade was a Brazilian writer. As well as a poet, he was a novelist, short story writer, literary critic, professor, and music researcher. He played an important role in the implementation of modernism in Brazil and became a key figure in the so-called 1922 Generation. The novel *Macunaíma, o herói sem nenhum caráter* is considered his magnum opus.

11 Jaider Esbell, "Makunaima, meu avô em mim!" In: André Mesquita and Lilia Moritz Schwarcz (eds.), *Histórias brasileiras. Vol. 2. Antologia* (São Paulo: MASP, in press).

12 In Macuxi, this roughly translates to: "On the dragonfly's wing, I made it up the waterfall."

13 Ailton Krenak, *Tembetá: Ailton Krenak* (Rio de Janeiro: Azougue, 2017).

14 Ibid.

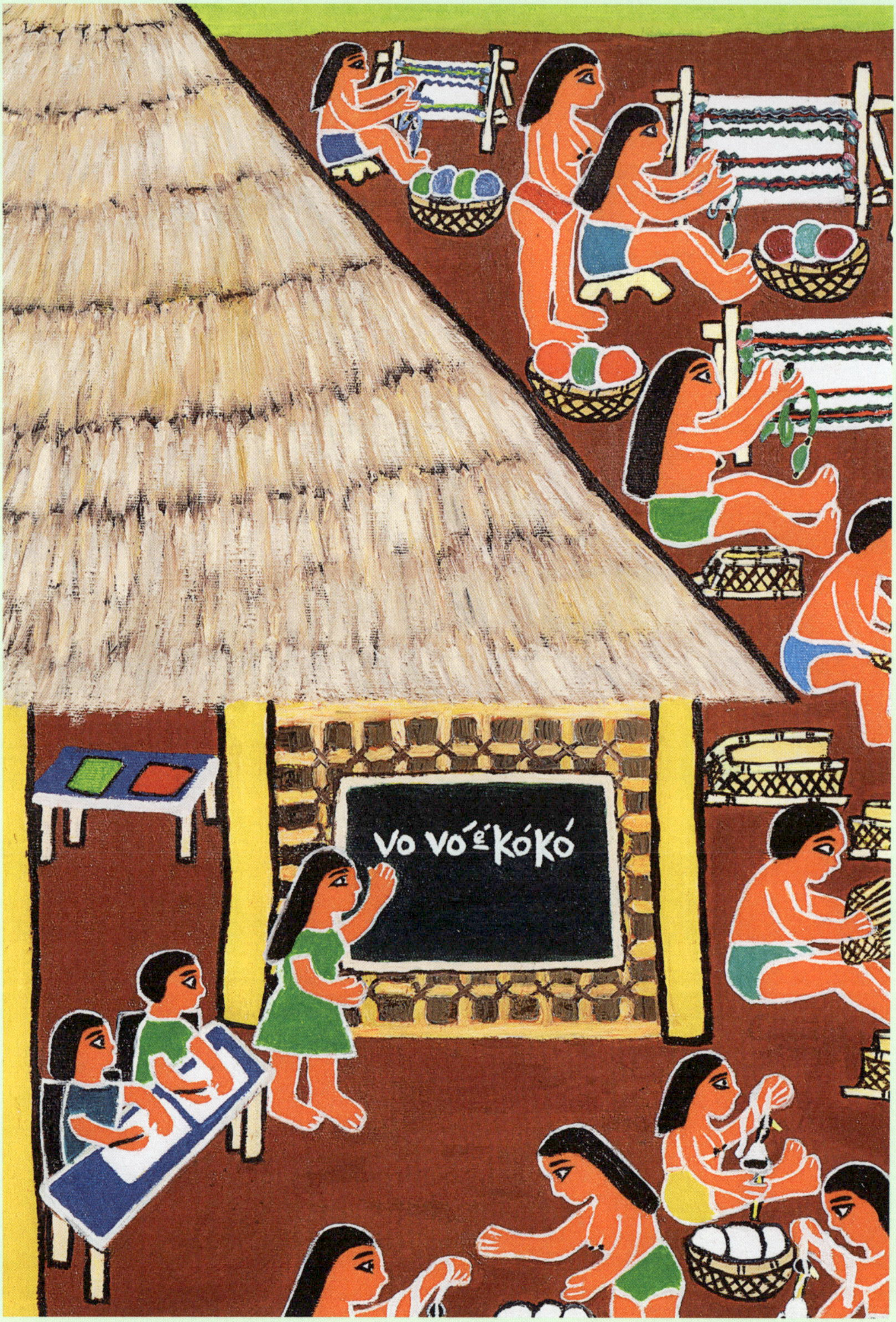
VO VÓ É KÓKÓ

CARMÉZIA EMILIANO: UMA ARTISTA NADA INGÊNUA

Ilana Seltzer Goldstein

CARMÉZIA EMILIANO: AN ARTIST NOT A BIT NAÏVE

Naïf, "primitiva", popular? Problematizando categorias

A exposição individual de Carmézia Emiliano no Museu de Arte de São Paulo Assis Chateaubriand (MASP) é mais do que oportuna em um cenário em que se buscam formas de descolonizar os museus de arte e de ampliar a pluralidade e a representatividade dentro deles. Não podemos esquecer que, por muito tempo, as produções indígenas foram negligenciadas por instituições brasileiras etnocêntricas e excludentes. Fernanda Pitta aponta um paradoxo curioso: já no século 19, autores como Eduardo Prado (1860-1901) incluíam criações indígenas — com destaque para a cerâmica marajoara — na narrativa da história da arte brasileira.[1] As artes indígenas foram acionadas nas primeiras décadas do século 20 como uma espécie de mito de origem, que conferia autenticidade e antiguidade à produção nacional. Contudo, a incorporação aos acervos, ao menos em São Paulo, foi tardia, ocorrendo apenas no final da segunda década dos anos 2000.[2] É louvável, portanto, a iniciativa de reunir e expor trabalhos dessa fascinante pintora macuxi em um dos espaços culturais mais prestigiosos e visitados de São Paulo.

As telas minuciosas de Carmézia Emiliano nos convidam a refletir sobre as formas de inserção e de categorização de uma artista indígena no sistema da arte ocidental. A arte naïf, com a qual a produção de Emiliano foi por muito tempo identificada, costuma ser enquadrada no espectro da — controversa — arte "primitiva". Desde meados do século 20, a noção de arte "primitiva" vem sendo acionada para abarcar manifestações tão distintas como desenhos feitos por pacientes de instituições psiquiátricas, pinturas rupestres, artefatos indígenas e obras de artistas autodidatas. Observa-se uma associação — bastante questionável — entre tais formas expressivas e impulsos humanos livres e "genuínos", não influenciados por convenções. Na verdade, porém, o único ponto em comum é que seus autores tendem a pertencer a estratos não hegemônicos, seja em relação aos cânones da cultura letrada, seja em relação à dita "normalidade" psíquica ou à suposta supremacia econômica e tecnológica da sociedade moderna ocidental. Assim, a categoria que se convencionou chamar de "arte primitiva" descreve não um conjunto de objetos e imagens semelhantes, mas ideias projetadas sobre tais objetos e imagens, num jogo de espelhos. Foi a condição moderna e urbana, acompanhada pela narrativa do progresso, que suscitou a narrativa primitivista.[3]

24.
Carmézia Emiliano
Aprendendo
[Learning], 2020
(detalhe [detail])
img. 61

A expressão francesa "*naïveté*", "ingenuidade", foi utilizada inicialmente no século 19 para caracterizar "a pintura de cavalete, realizada em cores primárias sobre tela, representando cenas de vida campestre, com festas populares, casarios, fazendas, entre outros

Naïve, "Primitive," Popular? Questioning Categories

Carmézia Emiliano's solo exhibition at the Museu de Arte de São Paulo Assis Chateaubriand (MASP) arrives in an era in which museums seek to decolonize and expand representation while fostering cultural pluralism from within. We cannot forget that, for a long time, Indigenous productions of art were neglected by ethnocentric and exclusionary Brazilian institutions. Fernanda Pitta points out a curious paradox. As early as the 19th century, authors such as Eduardo Prado (1860–1901) included Indigenous creations—with an emphasis on Marajoara ceramics—in the narrative of Brazilian art history.[1] Indigenous art was exploited in the first decades of the 20th century in order to establish an origin myth for the national identity and to imbue national production with a sense of authenticity and antiquity. However its incorporation into major collections, at least in São Paulo, occurred comparatively late, in the second decade of the 2000s.[2] Therefore, the initiative to gather and exhibit works by this fascinating Macuxi painter in one of São Paulo's most visited and prestigious cultural spaces is commendable.

Carmézia Emiliano's meticulous paintings invite us to reflect on the ways anIndigenous artist is categorized and incorporated into the western art system. So-called naïve art, with which Emiliano's production was identified for a long time, is usually framed in the—controversial—spectrum of "primitive art." Since the middle of the 20th century, the notion of "primitive art" has been used to encompass creative work as diverse as drawings made by patients in psychiatric institutions, cave paintings, indigenous artifacts, and works by self-taught artists. There is an association—quite questionable—between such expressive forms and the notion that they are the product of "genuine" human impulses, unhindered by the influence of conventions. However, the only point of convergence among those expressions is that their authors tend to belong to non-hegemonic strata, either in relation to the canons of literate culture or in relation to neurotypicality and behavioral norms, or are those who benefit from the supposed economic and technological supremacy of modern western society. Thus, the category conventionally called "primitive art" describes not a set of similar objects and images, but rather the ideas projected onto such objects and images, in a game of mirrors. It was the conditions of modern urban life, accompanied by the narrative of progress, that gave rise to the concept of primitivism.[3]

The French expression "naïveté" was initially used in the 19th century to characterize "easel painting carried out in primary colors on canvas, representing scenes of country life, with popular festivals, houses, farms, among other provincial themes."[4] Jacques Ardies, a gallerist and one of the main advocates of naïve art in Brazil, attributes naïve art with the qualities of "joy, lyricism, and optimism",[5] while Raul Córdula highlights that its emphasis on pure and flat color, "contour drawing," and a thematic focus on everyday life are markers of a divergence from academic rules.[6] It is also common for "naïve" artists to be as-temas provincianos".[4] Um dos principais promotores da arte naïf no Brasil, o galerista Jacques Ardies, atribui a ela "alegria, lirismo e otimismo",[5] ao passo que Raul Córdula destaca como recorrências a não observância de regras acadêmicas, a cor pura e chapada, o "desenho de contorno" e a preferência temática pela vida cotidiana.[6] É comum também que artistas "ingênuos" sejam associados à intuição e à imaginação — em detrimento da racionalidade e do conhecimento. Além disso, muitas vezes a arte naïf é composta de trabalhos produzidos por artistas de extração popular e autodidatas.[7]

Henri Rousseau (1844-1910), funcionário aposentado da alfândega de Paris, também músico e pintor nas horas vagas, é considerado o primeiro pintor naïf.[8] Após ser recusado no Salon des Artistes Français [Salão dos Artistas Franceses] em 1885, Rousseau foi convidado a participar do Salon des Indépendants [Salão dos Independentes] em 1886, estando presente depois em várias edições do evento. Acabou aclamado por Guillaume Apollinaire (1880-1918), Robert Delaunay (1885-1941) e Pablo Picasso (1881-1973). A música alimentava a pintura de Rousseau, como revela o detalhe da fanfarra no canto esquerdo de *Un centenaire de l'Indépendance* [Centenário da Independência] (1892) [img. 25], animando a dança que ocupa a maior parte da tela. Em outros trabalhos seus também estão presentes instrumentos musicais, sendo possível estabelecer um diálogo entre essas linguagens artísticas. O mesmo ocorre na produção do carioca Heitor dos Prazeres (1898-1966), pertencente à primeira leva de artistas "ingênuos" ou populares no Brasil, juntamente com o luso-brasileiro Cardosinho (1861-1947) e José Antonio da Silva (1909-1996). Prazeres já era um grande sambista quando começou a pintar no final dos anos 1930, período em que se valorizam as artes populares no Brasil, em decorrência do modernismo de 1922 e também do regionalismo do Recife [img. 26].[9]

A *Exposição de cerâmica popular pernambucana* (1947/49), curada por Augusto Rodrigues (1913-1993), montada na biblioteca Castro Alves, no Rio de Janeiro, e dois anos depois no MASP, com o título de *Arte popular pernambucana*, tornou conhecido o Mestre Vitalino (1909-1963) e suas figuras de barro.[10] Também foi nesse momento que as carrancas esculpidas por Mestre Guarany (1884-1985) para as proas das embarcações do rio São Francisco foram compradas por colecionadores. As décadas de 1960 e 1970 conheceram uma explosão de artistas brasileiros das camadas populares, então chamados de "primitivos" — foi nos anos 1970, por exemplo, que as cerâmicas feitas por mulheres na região do vale do Jequitinhonha tornaram-se conhecidas. Em 1979 foi inaugurada, em São Paulo, uma galeria especializada em pintura naïf, chamada Jacques Ardies.

Vale destacar que a trajetória da maioria dos artistas autodidatas inclui um momento de virada em que um crítico, um colecionador ou um artista já reconhecido pelo circuito promove sua "descoberta". Foi o caso de José Antonio da Silva (revelado pelos críticos Lourival Gomes Machado [1917-1967] e Paulo Mendes de Almeida

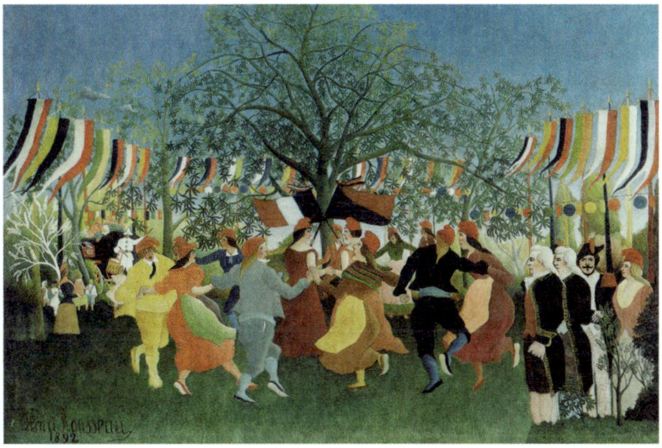

25.

Henri Rousseau
Un centenaire de l'Indépendance
[Centenário da independência]
[A Centennial of Independence], 1892
Óleo sobre tela [Oil on canvas], 112 × 158 cm
J. Paul Getty Museum, Los Angeles, Estados Unidos [United States]

sociated with an artistic process that is driven by intuition and imagination—to the detriment of rationality and knowledge. Moreover, naïve art is often composed of works by self-taught artists and the working class.[7]

Henri Rousseau (1844–1910), a retired customs officer in Paris who was also a musician and painter in his spare time, is considered the first naïve painter.[8] After being turned down at the Salon des Artistes Français [Salon of French Artists] in 1885, Rousseau was invited to participate in the Salon des Indépendants [Salon of Independent Artists] in 1886 and was later present at several editions of the event. He was acclaimed by Guillaume Apollinaire (1880–1918), Robert Delaunay (1885–1941), and Pablo Picasso (1881–1973). Music served as inspiration for Rousseau's painting, as is revealed by the fanfare of detail given to the musicians in the lefthand corner of *Un centenaire de l'Indépendance* [A Centennial of Independence] (1892), in which a circle of dancers occupies most of the canvas [img. 25]. Musical instruments are also present in other works of his, making it possible to establish a dialogue between these artistic languages. Such connection is also present in the production of Heitor dos Prazeres (1898–1966), from Rio de Janeiro, who belonged to the first wave of "naïve" or popular artists in Brazil, together with the Luso-Brazilian painter Cardosinho (1861–1947) and José Antonio da Silva (1909–1996). Prazeres was already a great samba composer when he started painting in the late 1930s, during an emblematic period for the formation of popular art in Brazil after the movements of the Brazilian Modern Art Week of 1922 and Recife's Regionalism [img. 26].[9]

The *Exposição de cerâmica popular pernambucana* [Popular Ceramics from Pernambuco] (1947/49), curated by Augusto Rodrigues (1913–1993), displayed at the Castro Alves Library, in Rio de Janeiro, and two years later at MASP, titled *Arte popular pernambucana* [Popular Art from Pernambuco], made Mestre Vitalino (1909–1963), born in the state of Pernambuco, as well as his clay figures well known.[10] Collectors of this era also acquired the car-

26.

Heitor dos Prazeres
Roda de samba
[Samba Circle], 1964
Óleo sobre tela [Oil on canvas], 50 × 60 cm
Cortesia [Courtesy] Almeida & Dale Galeria de Arte, São Paulo, Brasil

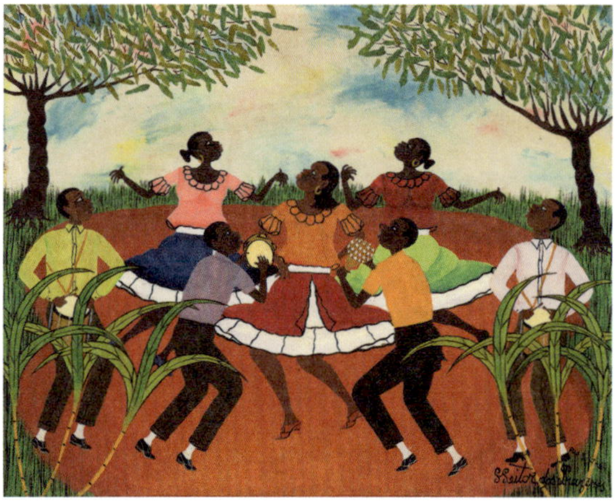

[1905-1986]), de Maria Auxiliadora da Silva (1935-1974) (encontrada na praça da República pelo físico e crítico de arte Mário Schenberg [1914-1990]); e de Chico da Silva (1910-1985) ("descoberto" pelo crítico suíço Jean-Pierre Chabloz [1910-1984]). Tal "descoberta" se baseia em dois pilares: a concepção romântica de que sempre existiu ali um talento latente e o pressuposto implícito de que é o olhar do "descobridor" — ávido pela ruptura com as convenções do campo — que atribui valor e legitimidade a obras antes isoladas, exteriores à história da arte.[11]

Os termos "naïf" e "popular" às vezes são usados como equivalentes, mas também pode acontecer de ser contrapostos. Roberto Ruggiero (1942-2020), que dirigiu por muito tempo a galeria Brasiliana, em São Paulo, disse-me em entrevista que a arte naïf teria se tornado um nicho de mercado que só inclui pinturas, sempre adocicadas e folclorizantes. Já a verdadeira arte popular, que ele representava, seria menos comercial e mais variada em termos de suportes e temáticas.[12] De fato, a pintura naïf vendida por Jacques Ardies é alegre e suave, sugerindo uma vida simples e harmônica. Talvez por não explicitar conflitos sociais agrade tanto aos compradores estrangeiros. Enquanto há artistas de camadas médias urbanas produzindo pinturas em estilo naïf e cursos direcionados a ensiná-lo, a arte popular, segundo definição do pesquisador Ricardo Lima, origina-se "das camadas menos favorecidas da sociedade, dotadas de uma estética particular e que integram um mundo próprio sobre cuja produção seus autores têm amplo domínio, mas nem sempre sobre o circuito do consumo".[13] Vilma Eid, da galeria Estação, reitera que "qualquer pessoa que estudar artes plásticas pode escolher o naïf como escola. [...] Na Europa, é diferente. Não existe a arte popular que a gente tem, geralmente feita por não eruditos".[14] Ainda que não haja consenso, a arte naïf parece uma vertente formal, mais restrita e homogênea, que pode ou não se encaixar na arte popular.

Algumas vezes, a arte naïf e a arte popular, quando expostas rancas—decorative figureheads carved in wood for the bows of ships—sculpted by Mestre Guarany (1884–1985) that adorned the vessels that once traveled along the São Francisco River. The 1960s and 1970s saw an explosion of recognition for Brazilian artists from the working class, then called "primitives," such as the woman ceramicists in the Jequitinhonha Valley. In 1979, the Jacques Ardies gallery, which specialized in naïve painting, opened its doors in São Paulo.

It is worth mentioning that the trajectory of recognition for most self-taught artists often begins when a critic, a collector, or an artist already venerated within the art world promotes their "discovery." This was the case of José Antonio da Silva, whose work was revealed by critics Lourival Gomes Machado (1917–1967) and Paulo Mendes de Almeida (1905–1986); Maria Auxiliadora da Silva (1935–1974), found at República Square, in São Paulo, by physicist and art critic Mário Schenberg (1914-1990); and Chico da Silva (1910-1985), "discovered" by the Swiss critic Jean-Pierre Chabloz (1910–1984). This notion of their having been "discovered" is based on two assumptions: the romantic conception that there has always been a latent talent to uncover, and the implicit presumption that it is the gaze of the "discoverer"—eager to break with the conventions of the field—that attributes value and legitimacy to works that otherwise were isolated, created outside of circles who assign themselves the task of writing the history of art.[11]

The terms "naïve" and "popular" are sometimes used interchangeably, but they can also be considered in opposition to one another. Roberto Ruggiero (1942–2020), who ran the Brasiliana gallery in São Paulo for a long time, recently told me that naïve art had become a niche market that only included paintings, which were always folkloric or nostalgic, approaching the Brazilian pastoral with a sentimental sensibility. In turn, true popular art, which his gallery represented, he considered to be less commercial and more varied in terms of its subjects and media.[12] Indeed, the naïve painting sold by Jacques Ardies is cheerful and uncomplicated, suggesting a harmonious life. Perhaps because this style of work does not expose social conflicts or address political questions, it is very popular with foreign buyers. While there are artists from the urban middle class producing paintings in a naïve style and one can attend courses on naïve art, popular art—according to the definition of researcher Ricardo Lima—originates "from the less favored strata of society, is endowed with a particular aesthetic, and espouses a worldview of its own. Its creators have broad control over its production, but not always over its circulation and consumption."[13] Vilma Eid, of the Estação gallery, reiterates that "anyone who studies visual arts can choose naïve art as their style. [...] In Europe, it is different. There is no popular art [in the sense in which we have in Brazil] which is typically made by non-scholars."[14] Although there is no consensus, naïve art seems to be a formal, more restricted, and homogeneous style, which may or may not fit within the category of popular art.

Sometimes naïve art and popular art, when exhibited and marketed, are disassociated from their cultural and ethnic herie comercializadas, são desetnicizadas. O artista de origem indígena Zé do Chalé (1903-2008) é um exemplo. De descendência xocó, no sertão do nordeste, costuma ser localizado como artista "popular", sem referência a sua ancestralidade, tendo merecido um capítulo no livro *Arte popular brasileira: olhares contemporâneos* (2018).[15] A artista afrobrasileira Maria Auxiliadora da Silva, chamada de "primitiva" no cartaz de divulgação de sua primeira individual na década de 1970,[16] é apresentada na galeria Jacques Ardies como uma pintora naïf. Isso talvez esteja começando a mudar, com o gradual aumento dos debates sobre racismo estrutural e representatividade de minorias. A exposição *Maria Auxiliadora: vida cotidiana, pintura e resistência*, realizada no MASP em 2018, é um exemplo de valorização da conexão da artista com práticas culturais de matriz africana. Porém, no geral,

> *diferentemente de outros países latino-americanos, como Paraguai e México, [...] no Brasil, mesmo que elementos da ancestralidade de uma ou outra origem apareçam nas biografias ou nas produções, os artistas chamados de populares são alçados de suas comunidades e locais de origem, muitas vezes distanciados pela migração, e passam a ser reconhecidos enquanto "populares" [...] de forma genérica e nebulosa.*[17]

Em suma, as classificações se sobrepõem, se dissolvem e se modificam historicamente. São em parte arbitrárias, mas exercem inegável influência sobre a apreciação e valorização de artistas e obras. A seguir, busco compreender como Carmézia Emiliano transita nesse campo pantanoso, tomando como ponto de partida sua presença recorrente nas bienais *Naïfs do Brasil*, organizadas desde 1992 pelo Sesc Piracicaba, uma vez que a própria artista ressalta a importância desse vínculo. Vale notar que o nome do evento se modificou ao longo do tempo, até pela dificuldade de definir os contornos da categoria. A primeira edição se chamou "Mostra internacional de arte ingênua e primitiva". Provavelmente houve críticas pelo uso do termo "primitiva". Hoje, a bienal se intitula *Naïfs do Brasil*. O acréscimo do "s" alude à pluralidade. Mas a ausência da palavra "arte" deixa no ar se os artistas é que seriam "ingênuos", não as obras. Eis mais um indício da complexidade desse universo.

Indígena e nada ingênua

Em um documentário dedicado a Carmézia Emiliano feito pelo Instituto Vale,[18] ela se autodesigna como naïf, por se identificar com outros artistas associados ao estilo. Diz isso ao mesmo tempo que folheia um catálogo de *Naïfs do Brasil*. Coincidentemente, na primeira vez que Roseli Anater a entrevistou para sua pesquisa de mestrado, em 2012, a artista estava com catálogos do Sesc nas mãos.[19] Sua primeira participação no evento foi estimulada por Augusto Luitgards, professor da Universidade de Brasília que a ajudou a se inscrever no edital e é seu marchand até hoje. Naquela edição de 2006, participou com dois trabalhos, ambos vencedores do Prêmio Aquisição. Um deles, *Lenda* tage. The Indigenous artist Zé do Chalé (1903–2008) is a salient example. Of Xocó descent, from a rural part of Northeastern Brazil, he is usually identified as a "popular" artist without reference to his indigenous ancestry, whose work is nonetheless notable enough to have merited a chapter in the book *Arte popular brasileira: olhares contemporâneos* [Brazilian Popular Art: Contemporary Looks] (2018).[15] The Afro-Brazilian artist Maria Auxiliadora da Silva, called "primitive" in the publicity poster for her first solo show in the 1970s,[16] is described at the Jacques Ardies gallery as a naïve painter. These characterizations may be dwindling with the gradual rise of debates about structural racism and minority representation. The exhibition *Maria Auxiliadora: vida cotidiana, pintura e resistência* [Maria Auxiliadora: Daily Life, Painting, and Resistance], held at MASP in 2018, is an example of a curatorial vision that values the artist's connection with their African cultural heritage. However, in general,

> *unlike other Latin American countries, such as Paraguay and Mexico, [...] in Brazil, even if elements of ancestry from one origin or another appear in biographies or artworks, the so-called popular artists are taken from their communities and places of origin, often distanced by migration, and come to be recognized as "popular"... in a generic and nebulous way.*[17]

In short, classifications overlap, dissolve, and change historically. They are partly arbitrary but exert an undeniable influence on how the uninitiated find a point of entry for an appreciation and valuation of artists and their works. We must now consider how Carmézia Emiliano navigates this territory. I take as a starting point her recurring presence in the *Naïfs do Brasil* [Naïves from Brazil] biennials, organized since 1992 by SESC Piracicaba since the artist herself emphasizes the importance of the influence of naïve art. It is worth noting that the biennial's name has changed over time, due to the difficulty of defining the contours of the category. In the first year of the event, it was called the "Mostra internacional de arte ingênua e primitiva" [International Exhibition of Naïve and Primitive Art]. Criticism probably arose from the use of the term "primitive." Today, the biennial is entitled *Naïfs do Brasil*. The "s" alludes to plurality. But the absence of the word "art" leaves in the air whether the artists, and not their works, are "naïve," in yet another indication of the complexity of this realm of inquiry.

Indigenous and Not a Bit Naïve

In a documentary dedicated to Carmézia Emiliano made by Instituto Vale,[18] the artist calls her work naïve, as she identifies with other naïve artists she has met. She says this while leafing through a catalogue of *Naïfs do Brasil*. Likewise, the first time Roseli Anater interviewed Emiliano for her master's research, in 2012, the artist was holding SESC catalogues in her hands.[19] Her first participation in the 2006 biennial was encouraged by Augusto Luitgards, *do monte Roraima* (2007) [img. 23], tem uma árvore no primeiro plano, na qual crescem espécies variadas, de milho a melancia. Atrás dela vê-se o monte Roraima, cortado por linhas brancas que evocam rios e cachoeiras. A textura, a cor e a forma do monte lembram as do tronco, que está sendo cortado a machadadas por dois homens. Há três camadas horizontais na pintura: na parte inferior, uma camada fina é formada pela terra marrom em que crescem raízes heterogêneas; logo acima, vem uma faixa um pouco mais larga, de cor verde, em que transcorre a ação humana e na qual a artista assina; acima, está a faixa maior, azul, que enquadra a copa da árvore e as nuvens sobre o monte Roraima, possivelmente simbolizando uma tempestade. De uma das nuvens sai um redemoinho, podendo aludir a um pouso de emergência de uma equipe de reportagem, feito na década de 1990, devido a esse fenômeno meteorológico.[20] A composição é espacialmente equilibrada, e as figuras têm contornos nítidos. A artista afirma que o monte Roraima é um de seus temas preferidos.[21]

A obra é uma tradução visual de uma história importante na região, que tem várias versões. O escritor Cristino Wapichana, por exemplo, conta que

> *Makunaimî era uma divindade brincalhona; ora menino, ora homem. Num instante era provedor de sua casa; noutro, malandro, enganador [...]. Junto de seu irmão Jiguê, cortou a árvore gigante Wazaká, que dava todos os frutos doces que conhecemos [...]. Foi do tronco dessa árvore (o monte Roraima) que nasceram as águas dos igarapés, rios e lagos de toda a região da tríplice fronteira entre Brasil, Venezuela e Guiana, onde vivem os Wapichana, Ingarikó, Macuxi, Taurepang e Pemom.*[22]

O ancião macuxi Dilmo de Lima, por sua vez, explica que a árvore era enorme, por isso só se podiam comer as frutas caídas no chão. Quando as frutas no chão se esgotaram, Makunaíma e seus irmãos tiveram que derrubar a árvore. Para vencer a espessura do tronco, inventaram o machado.[23]

No relato registrado por Theodor Koch-Grünberg (1872-1924) em 1917, que deu origem ao romance de mesmo nome escrito por Mário de Andrade (1893-1945), Makunaíma e seus irmãos estavam com muita fome, quando encontraram a árvore Wazaká. Os irmãos disseram a Makunaíma para não derrubá-la, senão acabariam sem comida. Porém, depois de se refestelar, Makunaíma derrubou-a. O tronco caiu em direção ao norte e se transformou no monte Roraima. A queda da árvore desencadeou um dilúvio, seguido de um incêndio e de muitas mortes. Makunaíma tentou repovoar o mundo fazendo homens de cera, que não resistiram ao calor do sol. Então, moldou gente de barro, e deu certo.[24]

A segunda tela de Carmézia Emiliano premiada na mostra de 2006, *Parixara* (2006), representa uma fila de pessoas dançando, com saias e chapéus de fibra de buriti ou inajá. Trata-se do complexo artístico parixara, que envolve "instrumentos a professor at the Universidade de Brasília who helped popularize her work and is her art dealer to this day. There she exhibited two works, both winners of the Prêmio Aquisição [Acquisition Award]. One of them, Lenda do monte Roraima [Legend of the Mount Roraima] (2007) [img. 23], depicts a tree in the foreground, on which various species grow, from corn to watermelon. Behind it, Mount Roraima can be seen, decorated by white lines that evoke rivers and waterfalls. The texture, color, and shape of the mountain are similar to those of the tree's trunk, which is being cut down with axes by two men. There are three horizontal layers in the painting: at the bottom, a thin layer is formed by the brown earth in which roots grow; just above them, a green stretch of ground widens, upon which the human action takes place and where the artist signs her name; above it, there is the larger swath of blue, which frames the top of the tree and the clouds over Mount Roraima, possibly symbolizing a storm. A whirlpool emerges from one of the clouds, which could allude to an emergency landing by a news team, made in the 1990s, due to this meteorological phenomenon.[20] The composition is spatially balanced and the figures have sharp contours. The artist says that Mount Roraima is one of her favorite themes.[21]

The work is a visual translation of story important to the region, a folk tale of which there are several versions. Writer Cristino Wapichana, for example, tells us that

> *Makunaimî was a playful deity; sometimes a boy, sometimes a man. In one moment, he was the provider of his household; in another, a trickster, deceiver [...]. Together with his brother Jiguê, he cut down the giant Wazaká tree, which bore all the sweet fruits we know [...]. The trunk of this tree (Mount Roraima) originated the waters of all the igarapés [creeks], rivers, and lakes in the region where the borders of Brazil, Venezuela, and Guyana meet, where the Wapichana, Ingarikó, Macuxi, Taurepang, and Pemom live.*[22]

The Macuxi elder Dilmo de Lima, in turn, explains that the tree was huge, so one could only eat the fruit that fell to the ground. When the fruit on the ground ran out, Makunaíma and his brothers had to chop down the tree. To overcome the thickness of the trunk, they invented the axe.[23]

In the account recorded by Theodor Koch-Grünberg (1872–1924) in 1917—which inspired the novel *Macunaíma, o herói sem nenhum caráter* [Macunaíma: The Hero with No Character] (1928) by Mário de Andrade (1893–1945)—Makunaíma and his brothers were very hungry when they found the Wazaká tree. His brothers told Makunaíma not to cut it down or they would run out of food. However, after feasting on its fruits, Makunaíma chopped down the tree. The trunk fell towards the north and transformed into Mount Roraima. The fall of the tree triggered a flood, followed by a fire and many deaths. Makunaíma tried to repopulate the world by making men out of wax, who could

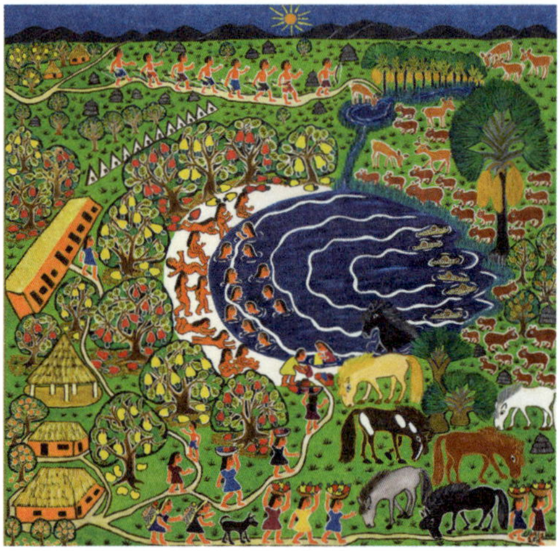

27.
Carmézia Emiliano
Lenda do Caracaranã
[Caracaranã Legend], 2016
img. 82

como *kewei* (chocalho) e *kamaini* (flauta grande de embaúba)".[25] No passado, o parixara durava dias, hoje é mais breve. Também as roupas tradicionais não são mais usadas hoje em dia. Durante a dança, serve-se o pajuaru, bebida fermentada de mandioca. Na tela *Parixara* (2018), uma mulher oferece a bebida numa cuia aos dançarinos, que levam nas pontas de suas flautas peixes, pássaros e outros animais. Trata-se de provável alusão ao sentido do parixara, ligado à abundância na caça, na pesca e na roça. Emiliano relata que, na aldeia em que cresceu, a festa era feita quando ocorria a primeira colheita de mandioca, com presença de convidados da vizinhança.[26] A sensação de perspectiva é proporcionada pelo tamanho das figuras, dispostas em quatro planos: um primeiro mais próximo e maior, em que estão seis pessoas; um segundo, um pouco afastado, em que se veem seis malocas; um terceiro distante, em que há uma linha de montanhas; finalmente, mais longe, o sol, que se conecta pela cor às roupas dos dançarinos, parecendo iluminá-las. Os dançarinos são destacados pelo caminho de terra circular, que indica o percurso da dança.

Em 2016, a bienal do Sesc Piracicaba concedeu a Carmézia Emiliano menção especial por *Lenda do Caracaranã* (2016) [img. 27]. O nome onomatopeico vem do canto de um pássaro, segundo a mãe da artista lhe contou. No centro da tela está o lago Caracaranã, bem redondo, alimentado por um riacho que chega do canto direito, protegido por fileiras de buritis. À sua direita, estão os animais: capivaras, cavalos selvagens, jacarés e veados. À esquerda, pessoas: caçadores caminhando em fila, mulheres descansando na areia ou banhando-se no lago, lavadeiras, e um grupo feminino que transporta cajus sobre a cabeça. Emiliano conta em entrevistas que seu primeiro emprego foi numa fazenda perto do lago, aos 16 anos. Ouviu muitas histórias sobre ele. Dentro do lago existe um mundo à parte com pessoas e animais. À meia-noite, homens costumam sair das águas e andar, invisíveis, pelas cercanias.

not survive the heat of the sun. So, he molded people out of clay, and they lived, becoming the ancestors of future generations.[24]

The second painting awarded at the 2006 exhibition, *Parixara* (2006), depicts a line of people dancing, with buriti or inajá fiber skirts and hats. It depicts the parixara musical tradition, and includes "instruments such as *kewei* (rattle) and *kamaini* (large embaúba flute)."[25] In the past, the parixara lasted for days; nowadays, it is shorter. Traditional clothes are also no longer used. During the dance, pajuaru—a fermented cassava beverage—is served. In the painting *Parixara* (2018), a woman offers the beverage in a gourd to the dancers, who carry fish, birds, and other animals on the tips of their flutes. Likely, this is an allusion to the meaning of parixara, a concept associated with abundance in hunting, fishing, and farming. Emiliano reports that, in the village where she grew up, the parixara festival was held upon the first cassava harvest, and was celebrated with neighbors.[26] The sense of perspective in the composition is communicated through the size of the figures, arranged in four planes: first, a closer and larger one, with six people; a second one a little further away, in which six huts can be seen; a distant third one, in which there is mountain range; and finally, the sun, which connects to the dancers' clothes through color, seeming to illuminate them. The dancers are highlighted by the circular dirt path, which indicates the path of their choreography.

In 2016, the SESC Piracicaba biennial awarded Carmézia Emiliano an honorable mention for *Lenda do Caracaranã* [Caracaranã Legend] (2016) [img. 27]. The onomatopoeic title refers to a lake named for the song of a bird, as the artist's mother told her. In the center of the canvas is Lake Caracaranã, fed by a stream that arrives from the right corner of the composition, protected by rows of buritis, otherwise known as moriche palms. On the right, stand the animals: capybaras, wild horses, alligators, and deer. On the left, people: hunters walking in line, women resting on the sand or bathing in the lake, washerwomen, and a group of women carrying cashew fruits on their heads. Emiliano has said that her first job was on a farm near the lake, at the age of sixteen. She heard many stories about it, including one that recounts that beneath the surface of the lake, there is a separate world, populated with people and animals. It was said that at midnight, men rise up from the water and walk, invisible, in the darkness. I was said that some of these people of the lake planted cashew trees on the right bank long ago, as is depicted in the painting.[27] An element of this work that is notable in many of Emiliano's paintings is that it does not depict any non-Indigenous people, mining activities, farming, or state agents. This is curious since the colonization process brought new economic activities to Roraima.[28] An increasing number of people indigenous to the region guarantee their livelihood in the communities by working as healthcare workers or teachers.[29] She then makes a deliberate choice to portray the past and the timeless.

The lake so often portrayed by Carmézia Emiliano is located in the Raposa Serra do Sol Indigenous Land, an emblem of Indigenous resistance and power. Approved in 2005, the removal of non-Indigenous

Há muito tempo, alguns deles plantaram os cajueiros da margem direita, como se vê na tela.[27] Um elemento que chama atenção nessa e nas demais pinturas da artista é que não se veem pessoas não indígenas, nem atividades de garimpo, agropecuária ou agentes do Estado. Isso é curioso, uma vez que, em Roraima, o processo de colonização trouxe novas atividades econômicas,[28] e um número cada vez maior de indígenas garante seu sustento nas comunidades trabalhando como agentes de saúde ou professores.[29] Trata-se, portanto, de uma escolha deliberada de pintar o passado e o atemporal.

O lago retratado tantas vezes por Carmézia Emiliano fica na Terra Indígena (TI) Raposa Serra do Sol, emblema de resistência e protagonismo indígenas. Homologada em 2005, a retirada dos não indígenas da TI levou a conflitos sangrentos com fazendeiros. Em 2009, o Supremo Tribunal Federal (STF) rejeitou a petição do senador Mozarildo Cavalcanti, que queria a anulação da demarcação. Porém, condicionantes impostas pelo STF levaram a uma situação ambígua.

> *O usufruto das riquezas do solo, dos rios e dos lagos pode ser relativizado sempre que houver [...] o relevante interesse público da União; o usufruto dos índios não abrange o aproveitamento de recursos hídricos e potenciais energéticos, que dependerá de autorização do Congresso Nacional.*[30]

As ameaças não cessam. Em 2018, o então candidato à presidência Jair Bolsonaro, em campanha, prometeu revogar a demarcação da TI. A potência das telas de Emiliano está exatamente em conseguir transmitir vitalidade, apesar de tais acontecimentos. De alguma maneira, a intensidade e o dinamismo de *Lenda do Caracaranã* evocam a força da ancestralidade e a articulação política indígena que permitem que vários povos possam continuar ocupando seus espaços, vivendo de acordo com suas escolhas.

Na edição de 2018 de *Naïfs do Brasil*, Carmézia Emiliano celebrou 25 anos de trajetória artística, criando um verdadeiro arquivo visual ao reunir miniaturas de suas telas em *25 anos fazendo arte* (2018) [img. 86]. São 25 pinturinhas, evocando os anos de carreira. Em destaque está a árvore Wazaká, lembrando sua primeira premiação. Em torno da árvore podem-se reconhecer minipinturas do lago de Caracaranã e da dança parixara. A obra é um exercício de metalinguagem, na medida em que é uma pintura que retrata outras pinturas. Trata-se também de uma reflexão consciente de Carmézia Emiliano sobre a construção de uma trajetória contínua e coesa, em termos de estilo e de temática. O conjunto de miniaturas revela uma paleta de cores bem-definida, em que predominam os mesmos tons de azul, amarelo, laranja, marrom e verde. Deixa evidente a preferência da artista por produções figurativas e narrativas, em que animais ou humanos estão sempre fazendo algo, em geral coletivamente. Traz à tona, também, seu grande senso de espacialidade. Mais da metade dos quadrinhos retrata cenas femininas coletivas: produção de cestaria, cerâmica, tecelagem, preparação de people from the land led to bloody conflicts with landowners. In 2009, the Supremo Tribunal Federal [Federal Supreme Court] (STF) rejected Senator Mozarildo Cavalcanti petition to annul the existing zoning in the region that ensured Indigenous people had a right to their land. However, conditions imposed by the STF led to an ambiguous situation.

> *The usufruct of riches in the soil, rivers, and lakes can be relativized whenever there is [...] relevant public interest of the country; the usufruct by the Indigenous population does not include the use of water resources and energy potential, which will depend on authorization from the National Congress.*[30]

Threats to Indigenous rights to land do not cease. In 2018, then-presidential candidate Jair Bolsonaro promised to revoke the existing designations of Indigenous land. The power of Emiliano's paintings lies exactly in being able to convey vitality, despite such events. In a way, the intensity and dynamism of *Lenda do Caracaranã* evoke the strength of ancestry and Indigenous political articulation that allow various peoples to continue occupying their spaces and living according to their choices.

In the 2018 exhibition *Naïfs do Brasil*, Carmézia Emiliano celebrated twenty-five years of her artistic career, creating a veritable visual archive by gathering miniatures of her canvases. This exhibition gathered twenty-five small paintings, evoking each year of her career. The Wazaká tree stands out, echoing her first award. Around the tree, one can recognize miniature paintings of Lake Caracaranã and the parixara dance. *25 anos fazendo arte* [25 Years Making Art] (2018) [img. 86] is an exercise in metalanguage, insofar as it is a painting that portrays other paintings. It is also a retrospective that offers insight into how the artist conceives of her oeuvre, as it demonstrates a continuous and cohesive trajectory, in terms of its style and themes. The set of miniatures reveals a well-defined color palette, in which the same tones of blue, yellow, orange, brown, and green predominate. They also reveal the artist's preference for creating figurative and narrative works, in which animals or humans are doing something, often collectively. These works also bring out her great sense of spatiality. More than half of the miniature paintings depict scenes of women working collectively: practicing basketry, pottery, and weaving, preparing beiju (a cassava delicacy), tending to children, and clearing the land. These are practices she learned from her mother as a child and teenager. In each scene, a well of knowledge can be observed. For example, in the lower left corner, seated women make clay pots, a material that can only be manipulated with the assistance of an old woman or a pajé; otherwise, the potter becomes paralyzed.[31] Indeed, *25 anos fazendo arte* can be seen as a kind of visual encyclopedia of Macuxi life, community, and cosmology.

Besides participating in several other *Naïfs do Brasil* exhibitions, Carmézia Emiliano took part in other events as a naïve beiju, cuidado com bebês, roçado, entre outras. São ocupações e conhecimentos que ela compartilhou com sua mãe, quando criança e adolescente. Em cada cena, um manancial de conhecimento. Por exemplo, no canto inferior esquerdo, mulheres sentadas fabricam panelas de barro, material que só pode ser manipulado após a intervenção de uma anciã ou um pajé, caso contrário a ceramista fica paralisada.[31] Com efeito, *25 anos fazendo arte* pode ser vista como uma espécie de enciclopédia visual da vida, da comunidade e da cosmologia macuxi.

Além de diversas participações em outras edições de *Naïfs do Brasil*, Carmézia Emiliano tomou parte em outros eventos enquanto artista naïf, como uma retrospectiva na Universidade Federal de Roraima em 2014, e integrou a coleção do extinto Museu Internacional de Arte Naïf, no Rio de Janeiro. Ao mesmo tempo, é mencionada por artistas indígenas mais jovens como uma grande referência e, mais recentemente, tem integrado exposições de arte indígena como *Moquém_Surarî: arte indígena contemporânea* (2021), no Museu de Arte Moderna de São Paulo.

A artista indígena Duhigó Tukano, do alto rio Negro, também participou de *Naïfs do Brasil*, em 2018, com *Maloca Tuyuka* (2016). Em depoimento por ocasião da doação de duas obras suas ao MASP, *Nepũ Arquepũ* [Rede macaco] (2019) [img. 28] e *Autorretrato* (2022), falou de si como artista indígena: "Sei que nem todos gostam das obras indígenas, mas sei que tem muita gente que gosta e está passando a gostar a partir do meu trabalho".[32] Diferentemente de Carmézia Emiliano, Duhigó só começou a pintar após fazer cursos na Escola de Arte do Instituto Dirson Costa, em Manaus. Em *Nepũ Arquepũ*, Tukano se assemelha a Emiliano ao compor uma cena em que mulheres indígenas são protagonistas, registrando as etapas do nascimento e acolhimento de uma criança tukano, com base no que via, de longe, na sua própria infância. Como Carmézia, Duhigó Tukano também dispõe de grande senso de simetria e ocupação do espaço. Porém, algo mais específico de Tukano é o nível de precisão nos detalhes, nas filigranas da pintura. Note-se, por exemplo, a minúcia com que é feita a trama da rede, os recipientes que cercam o xamã ou a pintura corporal. O objetivo de documentar como era a vida na aldeia, no passado, é claramente formulado por Duhigó,[33] em consonância com a missão a que se propõe Carmézia. Ademais, tanto ela como Carmézia pintam com base em um manancial de conhecimentos compartilhados, bem como em convenções e temas específicos. Tudo isso faz com que a expressão "artistas ingênuas" mereça problematização.

Trânsitos e recategorizações ocorrem o tempo todo — e talvez isso esteja acontecendo com Carmézia Emiliano e Duhigó Tukano. Não serão as únicas, nem as últimas artistas indígenas a demorarem a encontrar abertura no sistema da arte brasileiro e a acabarem se amoldando aos espaços reservados à arte naïf. No texto que escreveu sobre Carmézia Emiliano para o Programa de Exposições do Centro Cultural São Paulo, em 2021, Denilson Baniwa propôs "trazer a reflexão a partir

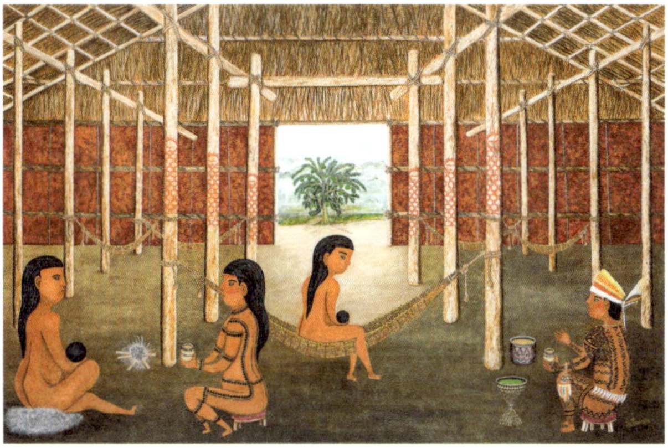

28.
Duhigó
Nepũ Arquepũ [Rede Macaco]
[Hanging Hammock Chair], 2019
Acrílica sobre madeira
[Acrylic on wood], 185,5 × 275,5 cm
Museu de Arte de São Paulo Assis
Chateaubriand, doação [gift], Mônica e [and]
Fábio Ulhoa Coelho, 2021, MASP.11312

artist, such as a retrospective at Universidade Federal de Roraima in 2014, and was part of the collection of the extinct Museu Internacional de Arte Naïf [International Naïve Art Museum] in Rio de Janeiro. At the same time, she is mentioned by younger Indigenous artists as a great reference and, more recently, has participated in Indigenous art exhibitions such as *Moquém_Surarî: arte indígena contemporânea* [Moquém_Surarî: Contemporary Indigenous Art] (2021), at the Museu de Arte Moderna in São Paulo.

The indigenous artist Duhigó Tukano, from the upper Negro River, also participated in *Naïfs do Brasil*, in 2018, with *Maloca Tuyuka* [Tuyuka Maloca] (2016). In a statement upon the donation of two of her works to MASP, *Nepũ Arquepũ* [Hanging Hammock Chair] (2019) [img. 28] and *Autorretrato* [Self-portrait] (2022), Tukano spoke of herself as an indigenous artist: "I know that not everyone likes Indigenous works, but I know that there are many people who do and are starting to like it through my work."[32] Unlike Carmézia Emiliano, she only started painting after taking courses at the Dirson Costa Institute, an art school in Manaus. In *Nepũ Arquepũ* Tukano also composes a scene in which Indigenous women are the protagonists, recording the stages of birth and care of a Tukano child, based on what she saw, from afar, in her own childhood. Like Emiliano, Duhigó Tukano has a great sense of symmetry and occupation of space. However, something more specific to Tukano is the level of precision in her details; in the filigree that decorates the subjects in her works. We can notice, for example, the meticulousness with which the hammock is woven, in the containers surrounding the pajé, or the body painting. The objective of documenting what life was like in the village in the past is clearly formulated by Tukano,[33] in line with the mission that Emiliano proposes. Furthermore, both paint based on a wealth of shared knowledge, as well as on specific conventions and themes. All this makes the expression "naïve artists" worthy of questioning.

Transits and recategorizations occur all the time, and perhaps this is happening with Carmézia Emiliano and Duhigó Tudo lugar de indígena e contemporâneo da artista".[34] Devemos levar isso a sério. Carmézia pinta em cima de desenhos que não faz a partir de observação direta: passa para a tela o que "fotografou na cabeça", sobretudo atividades femininas e coletivas que habitam suas memórias de infância e juventude na aldeia. A motivação principal, segundo ela, é não esquecer:

> *Eu gosto de pintar a minha cultura indígena, as índias fazendo beiju, farinha, desfiando algodão, fazendo comida, dança. É isso que eu gosto de retratar: as paisagens, as lendas dos antigos [...]. Eu ando por aí visitando as outras malocas, aí eu retrato as histórias [...]. Eu retrato só mesmo a cultura indígena macuxi.*[35]

O crítico de arte Oscar D'Ambrosio teme que a eventual ênfase nas temáticas e origens indígenas obscureça a importância da artista, desviando o observador de qualidades formais como composição e proporção: "A artista precisa falar mais alto, de modo que a pintora índia seja mais importante que a índia pintora. Se Emiliano se colocar cada vez mais como pintora, independendo da etnia, verá o deslumbrar de sua capacidade de composição percorrer os mais variados campos visuais".[36] Não me parece possível, ao contrário do que o autor propõe, deixar a ancestralidade indígena em segundo plano para analisar a produção artística de Carmézia Emiliano, pois sua pintura é parte do modo como ela vê o mundo, como quer se lembrar dele e ser lembrada. Concordo que o senso de espacialidade da artista é incrível e que as qualidades formais e poéticas de seu trabalho não podem ser negligenciadas. Entretanto, não me parece possível separar a artista da indígena, nem subordinar uma à outra. Essa é uma das chaves principais para nos aproximarmos de um modo novo da obra de Carmézia Emiliano.

Ilana Seltzer Goldstein é mestra em antropologia social pela Universidade de São Paulo e em mediação cultural pela Université Sorbonne Nouvelle — Paris 3 e doutora em antropologia social pela Universidade Estadual de Campinas. É professora do departamento de história da arte da Universidade Federal de São Paulo, e cocoordenadora da Cátedra Kaapora. Participou da concepção de exposições como *O tempo dos sonhos: arte indígena contemporânea da Austrália* (2016-17) e *Portos* (2021).

kano. They will not be the only—nor the last—Indigenous artists to take a long time to find their place in the Brazilian art world, and end up adapting to spaces reserved for naïve art. In the text he wrote about Carmézia Emiliano for the exhibition program of the Centro Cultural São Paulo in 2021, Denilson Baniwa proposed "reflecting on the Indigenous and contemporary standing of the artist."[34] We must take this seriously. Emiliano paints over drawings that she does not make from direct observation: she transfers to the canvas what she "photographed in her head," especially feminine and collective activities that inhabit her memories of her childhood in the village. The main motivation, according to her, is to remind her of the life she lived there.

> *I like to paint my Indigenous culture, the Indigenous women making beiju, flour, shredding cotton, making food, and dancing. That's what I like to portray: the landscapes, the legends of the ancients [...]. I go around visiting other communal huts, and then I portray the stories [...]. I only portray the Macuxi Indigenous culture.*[35]

D'Ambrósio fears that the emphasis on Indigenous themes and origins will obscure Emiliano's relevance, diverting the observer from the formal qualities in her work such as its composition and proportion: "The artist needs to speak louder so that the painter is more important than the Indigenous woman. If Emiliano positions herself more and more as a painter, regardless of ethnicity, she will see the dazzle of her compositional ability travel through the most varied visual fields."[36] To me, it does not seem possible, as the author proposes, to leave Indigenous ancestry in the background when analyzing Carmézia Emiliano's artistic production, since her painting is part of the way she sees the world, of how she wants to remember it and be remembered. I agree that her sense of spatiality is incredible and that the formal and poetic qualities of her work cannot be overlooked. However, it does not seem possible to me to separate her identity as an artist from her identity as an Indigenous woman, nor to subordinate one identity to the other. This perspective offers us the opportunity to see the work of Carmézia Emiliano in a new way.

Translated from the Portuguese by Lívia Prado Martins.

Ilana Seltzer Goldstein holds a master's degree in Social Anthropology from the Universidade de São Paulo, a master's degree in Cultural Mediation from the Université Sorbonne Nouvelle—Paris 3, and a PhD in Social Anthropology from the Universidade Estadual de Campinas. She is a professor in the art history department at the Universidade Federal de São Paulo, and a co-coordinator of the Kaapora Chair. She has participated in the design of exhibitions such as *O tempo dos sonhos: arte indígena contemporânea da Austrália* (2016–17) and *Portos* (2021).

NOTAS

1 Fernanda Pitta, "A 'breve história da arte' e a arte indígena: a gênese de uma noção e sua problemática hoje". *MODOS: Revista de História da Arte*, v. 5, n. 3, set.-dez. 2021, pp. 223-57.

2 Ibid., p. 243.

3 Ver Shelly Errington, *The Death of Authentic Primitive Art: And Other Tales of Progress*. Berkeley: University of California Press, 1998, p. 30.

4 Arley Andriolo, "O silêncio da pintura ingênua nos ateliês psiquiátricos". *Psicologia: Teoria e Pesquisa*, v. 22, n. 2, maio-ago. 2006, pp. 227-32.

5 DasArtes, "Grande coletiva de arte naïf | Galeria Jacques Ardies". *DasArtes*, 2021. Disponível em https://dasartes.com.br/agenda/grande-coletiva-de-arte-naif-galeria-jacques-ardies/. Acesso em 7.12.2022.

6 Raul Córdula apud Olívia Mindêlo, "Naïf: arte que se reinventa de modo espontâneo". *Revista Continente*, n. 264, dez. 2022. Disponível em https://revistacontinente.com.br/edicoes/129/naif--arte-que-se-reinventa-de-modo-espontaneo. Acesso em 7.12.2022.

7 Ludmila de Lima Brandão e Suzana Cristina Souza Guimarães, "Desconstruindo o naïf: a pintura de Alcides Pereira dos Santos". *Revista Contrapontos*, v. 12, n. 3, set.-dez. 2012, pp. 308-16.

8 Ricardo Gomes Lima, "Arte popular". In: *Sobre a arte brasileira. Da pré-história aos anos 1960*. São Paulo: Ed. Sesc-SP/WMF Martins Fontes, 2014, pp. 325-45.

9 Ibid., pp. 337-38.

10 Ver Lélia Coelho Frota, *Mestre Vitalino*. Recife: Fundaj/Ed. Massangana, 1986; e Sandra Ferreira de Lima, *Invenção e tradição: um olhar plural sobre a arte figurativa do Alto do Moura*. Dissertação de Mestrado. Universidade Estadual de Campinas, 2001.

11 Gerciane Maria da Costa Oliveira, *Estudo sociológico sobre a manifestação de um talento artístico*. Dissertação de Mestrado. Universidade Federal do Ceará, 2015, p. 42.

12 Comunicação privada, 2019.

13 Ricardo Gomes Lima, 2014, op. cit., p. 325.

14 Vilma Eid apud Olívia Mindêlo, "Naïf: arte que se reinventa de modo espontâneo". *Revista Continente*, n. 264, dez. 2022. Disponível em https://revistacontinente.com.br/edicoes/129/naif--arte-que-se-reinventa-de-modo-espontaneo. Acesso em 7.12.2022.

15 Vilma Eid e Germana Monte-Mor (orgs.), *Arte popular brasileira: olhares contemporâneos*. São Paulo: WMF Martins Fontes, 2018.

16 Ver Adriano Pedrosa e Fernando Oliva (orgs.), *Maria Auxiliadora: vida cotidiana, pintura e resistência*. São Paulo: MASP, 2018.

17 Cristina Naiara Fernandes, *Arte popular e mercado: limites e percursos no sistema da arte*. Trabalho de Conclusão de Curso. Universidade Federal de São Paulo, 2022.

18 Instituto Cultural Vale, *Arte Indígena Contemporânea — Ep. 1: Carmézia Emiliano*. 28'31", 2022. Disponível em https://www.youtube.com/watch?v=sZOWGdX-2nc. Acesso em 1.11.2022.

19 Roseli Anater, *Pintar para não esquecer: as narrativas visuais e orais de Carmézia Emiliano*. Dissertação de Mestrado. Universidade Federal de Roraima, 2014, p. 41.

20 Elisângela Martins, "A obra de Carmézia Emiliano: das lutas indígenas e de gênero". In: Samira Peruchi Moretto, Janine Gomes da Silva e Cristina Scheibe Wolff

NOTES

1 Fernanda Pitta, "A 'breve história da arte' e a arte indígena: a gênese de uma noção e sua problemática hoje." *MODOS: Revista de História da Arte* 5, no. 3, Sept.-Dec. 2021, 223–57.

2 Ibid., 243.

3 See Shelly Errington, *The Death of Authentic Primitive Art: And Other Tales of Progress* (Berkeley, CA: University of California Press, 1998), 30.

4 Arley Andriolo, "O silêncio da pintura ingênua nos ateliês psiquiátricos." *Psicologia: Teoria e Pesquisa* 22, no. 2, May-Aug. 2006, 227–32.

5 DasArtes, "Grande coletiva de arte naïf | Galeria Jacques Ardies." *DasArtes*, 2021. Available at https://dasartes.com.br/agenda/grande-coletiva-de-arte-naif-galeria-jacques-ardies/. Retrieved on December 7, 2022.

6 Raul Córdula cited in Olívia Mindêlo, "Naïf: arte que se reinventa de modo espontâneo." *Revista Continente*, no. 264, Dec. 2022. Available at https://revistacontinente.com.br/edicoes/129/naif--arte-que-se-reinventa-de-modo-espontaneo. Retrieved on December 7, 2022.

7 Ludmila de Lima Brandão and Suzana Cristina Souza Guimarães, "Desconstruindo o naïf: a pintura de Alcides Pereira dos Santos." *Revista Contrapontos* 12, no. 3, Sep.-Dec. 2012, 308–16.

8 Ricardo Gomes Lima, "Arte popular." In: *Sobre a arte brasileira. Da pré-história aos anos 1960* (São Paulo: Ed. Sesc-SP/WMF Martins Fontes, 2014), 325–45.

9 Ibid., 337–38.

10 See Lélia Coelho Frota, *Mestre Vitalino* (Recife: Fundaj/Ed. Massangana, 1986); and Sandra Ferreira de Lima, *Invenção e tradição: um olhar plural sobre a arte figurativa do Alto do Moura*. Master's Thesis. Universidade Estadual de Campinas, 2001.

11 Gerciane Maria da Costa Oliveira, *Estudo sociológico sobre a manifestação de um talento artístico*. Master's Thesis. Universidade Federal do Ceará, 2015, 42.

12 Private conversation, 2019.

13 Ricardo Gomes Lima, 2014, op. cit., 325.

14 Vilma Eid cited in Olívia Mindêlo, "Naïf: arte que se reinventa de modo espontâneo." *Revista Continente*, no. 264, Dec. 2022. Available at https://revistacontinente.com.br/edicoes/129/naif--arte-que-se-reinventa-de-modo-espontaneo. Retrieved on Dec. 7, 2022.

15 Vilma Eid and Germana Monte-Mor, *Arte popular brasileira: olhares contemporâneos* (São Paulo: WMF Martins Fontes, 2018).

16 See Adriano Pedrosa and Fernando Oliva (eds.), *Maria Auxiliadora: Daily Life, Painting and Resistance* (São Paulo: MASP, 2018).

17 Cristina Naiara Fernandes, *Arte popular e mercado: limites e percursos no sistema da arte*. Undergradutated Thesis. Universidade Federal de São Paulo, 2022.

18 Instituto Cultural Vale, *Arte Indígena Contemporânea—Ep. 1: Carmézia Emiliano*. 28'31", 2022. Available at https://www.youtube.com/watch?v=sZOWGdX-2nc. Retrieved on November 1, 2022.

19 Roseli Anater, *Pintar para não esquecer: as narrativas visuais e orais de Carmézia Emiliano*. Master's Thesis. Universidade Federal de Roraima, 2014, 41.

20 Elisângela Martins, "A obra de Carmézia Emiliano: das lutas indígenas e de gênero." In: Samira Peruchi Moretto, Janine Gomes da Silva, and Cristina Scheibe Wolff (eds.),

(orgs.), *Anais do XV Encontro Estadual de História da Anpuh-SC 1964-2014: memórias, testemunhos e Estado & II Colóquio Internacional Gênero, Feminismos e Ditaduras no Cone Sul*. Florianópolis: Universidade Federal de Santa Catarina, 2014.

21 Depoimento concedido a Jaider Esbell em episódio da série *Nhexyrõ, Artes Indígenas em Redes*. Ver Nhexyrõ — Artes Indígenas em Rede, *Carmézia Emiliano — A árvore da vida*. 53'51", ago. 2021. Disponível em https://www.youtube.com/watch?v=w-f3Ou2jtUc. Acesso em 2.10.2022.

22 Cristino Wapichana, "O herói sem apreço". *Quatro Cinco Um*, set. 2021.

23 Maria Georgina dos Santos Pinho e Silva, *Iperu U'komanto: formas e sentidos no mito Makunaima*. Tese de Doutorado. Universidade Estadual Paulista, 2019.

24 Theodor Koch-Grünberg, *Do Roraima ao Orinoco. Observações de uma viagem pelo norte do Brasil e pela Venezuela durante os anos de 1911 e 1931*. São Paulo: Ed. Unesp, 2006 [1. ed. 1917].

25 Devair Antonio Fiorotti, "Taren, eren e panton: poetnicidade oral macuxi". *Estudos de Literatura Brasileira Contemporânea*, n. 53, jan.-abr. 2018, pp. 101-27.

26 Elisângela Martins, 2014, op. cit., p. 45.

27 Nhexyrõ — Artes Indígenas em Rede 2021, op. cit.

28 Elisângela Martins, 2014, op. cit., p. 8.

29 Ibid., p. 9.

30 Christian Teófilo da Silva, "A homologação da Terra Indígena Raposa Terra do Sol e seus efeitos". *Revista Brasileira de Ciências Sociais*, v. 33, n. 98, 2018, p. 7.

31 Elisângela Martins, 2014, op. cit.

32 Portal Amazônia, "Conheça Duhigó, a primeira indígena amazonense no acervo do Masp". *Portal Amazônia*, 28.9.2021. Disponível em https://portalamazonia.com/cultura/arte/conheca-duhigo-a-primeira-indigena-amazonense-no-acervo-do-masp. Acesso em 3.10.2022.

33 Gisele Kato (dir.), *Duhigó Tukano*. 28'08", 2022. Disponível em https://www.youtube.com/watch?v=Nsuva0SYMSA. Acesso em 4.10.2022.

34 Denilson Baniwa, "Paaka yewan rintîkî pimiika' eeserintîto'pe: a arte damurida de Carmézia Emiliano". *31º Programa de Exposições do Centro Cultural São Paulo: mostra 2021*. São Paulo: Centro Cultural São Paulo, 2022, p. 96.

35 Talita Oliveira, *Artista de plástico: práticas híbridas na Amazônia urbana*. Rio Branco: Nepan, 2016.

36 Oscar D'Ambrosio, "Carmézia Emiliano: a arte de ver". *Blog do Instituto Internacional de Arte Naif*, fev. 2019. Disponível em http://artenaifrio.blogspot.com/2019/02/carmezia-emiliano.html. Acesso em 28.9.2022.

Anais do XV Encontro Estadual de História da Anpuh-SC 1964-2014: memórias, testemunhos e Estado & II Colóquio Internacional Gênero, Feminismos e Ditaduras no Cone Sul (Florianópolis: Universidade Federal de Santa Catarina, 2014).

21 From an interview by Jaider Esbell from an episode of the *Nhexyrõ, Artes Indígenas em Redes* series. See Nhexyrõ—Artes Indígenas em Rede, *Carmézia Emiliano—A árvore da vida*. 53'51", Aug. 2021. Available at https://www.youtube.com/watch?v=w-f3Ou2jtUc. Retrieved on October 2, 2022.

22 Cristino Wapichana, "O herói sem apreço." *Quatro Cinco Um*, Sep. 2021.

23 Maria Georgina dos Santos Pinho e Silva, *Iperu U'komanto: formas e sentidos no mito Makunaima*. PhD Dissertation. Universidade Estadual Paulista, 2019.

24 Theodor Koch-Grünberg, *Do Roraima ao Orinoco. Observações de uma viagem pelo norte do Brasil e pela Venezuela durante os anos de 1911 e 1931* (São Paulo: Ed. Unesp, 2006 [1. ed. 1917]).

25 Devair Antonio Fiorotti, "Taren, eren e panton: poetnicidade oral macuxi." *Estudos de Literatura Brasileira Contemporânea*, no. 53, Jan.-Apr. 2018, 101–27.

26 Elisângela Martins, op. cit., 45.

27 Nhexyrõ—Artes Indígenas em Rede, 2021, op. cit.

28 Elisângela Martins, op. cit., 8.

29 Ibid., 9.

30 Christian Teófilo da Silva, "A homologação da Terra Indígena Raposa Terra do Sol e seus efeitos." *Revista Brasileira de Ciências Sociais* 33, no. 98, 2018, 7.

31 Elisângela Martins, op. cit.

32 Portal Amazônia, "Conheça Duhigó, a primeira indígena amazonense no acervo do Masp." *Portal Amazônia*, September 28, 2021. Available at https://portalamaznia.com/cultura/arte/conheca-duhigo-a-primeira-indigena-amazonense-no-acervo-do-masp. Retrieved on October 3, 2022.

33 Gisele Kato (dir.), *Duhigó Tukano*. 28'08", 2022. Available at https:// www.youtube.com/watch?v=Nsuva0SYMSA. Retrieved on October 4, 2022.

34 Denilson Baniwa, "Paaka yewan rintîkî pimiika' eeserintîto'pe: a arte damurida de Carmézia Emiliano." *31º Programa de Exposições do Centro Cultural São Paulo: mostra 2021* (São Paulo: Centro Cultural São Paulo, 2022), 96.

35 Talita Oliveira, *Artista de plástico: práticas híbridas na Amazônia urbana* (Rio Branco: Nepan, 2016).

36 Oscar D'Ambrosio, "Carmézia Emiliano: a arte de ver." *Blog do Instituto Internacional de Arte Naif*, Feb. 2019. Available at http://artenaifrio.blogspot.com/2019/02/carmezia-emiliano.html. Retrieved on September 28, 2022.

REPRODUÇÕES DOS TRABALHOS

REPRODUCTIONS OF WORKS

29.

Wazaká — Árvore da Vida
[Wazaká—Tree of Life], 2022
Óleo sobre tela [Oil on canvas], 70 × 60 cm
Museu de Arte de São Paulo Assis Chateaubriand, doação [gift], Adriano Pedrosa, em memória de [in memory of] Selma Pedrosa, 2022, MASP.11388

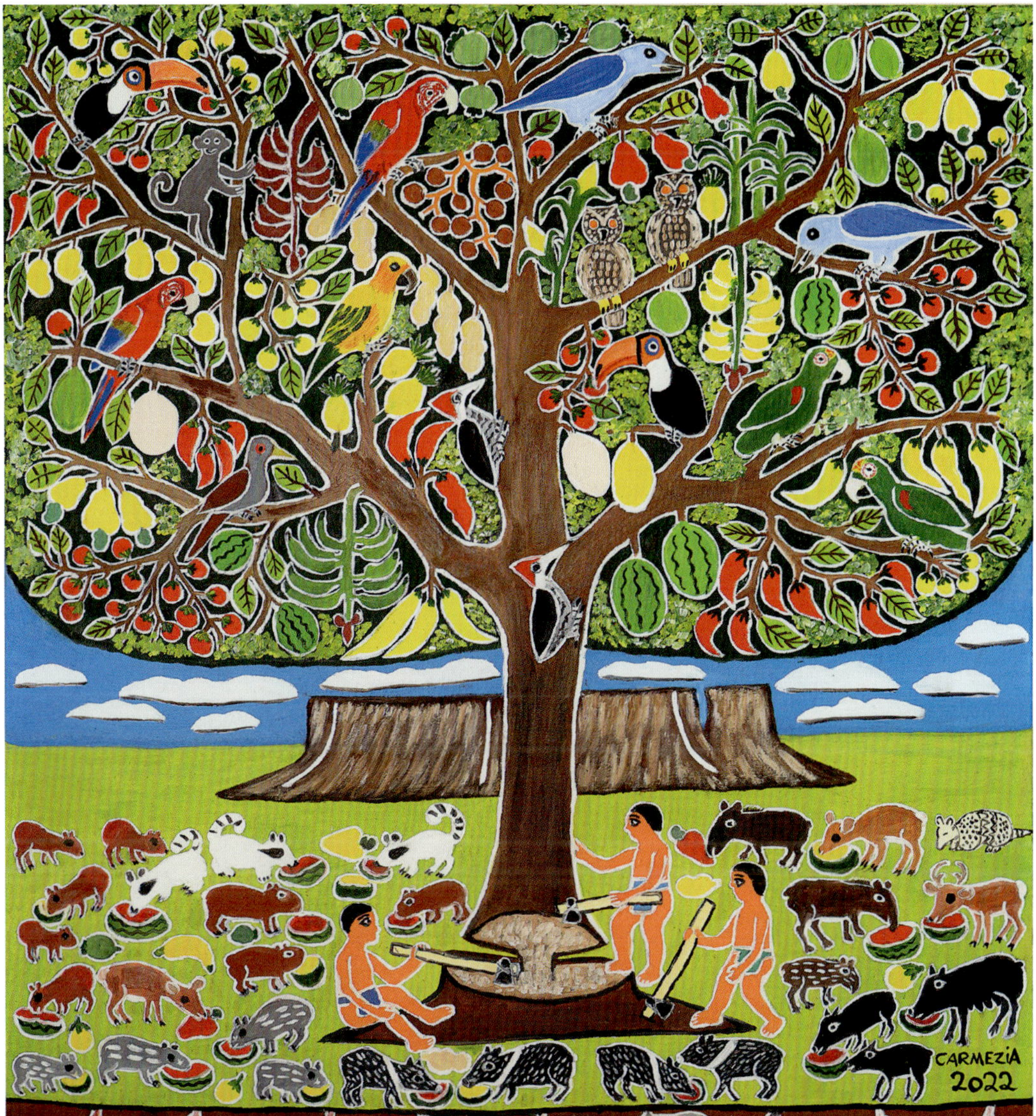

30.

Maloca Maracanã
[Maracanã Maloca], 2022
Óleo sobre tela
[Oil on canvas], 60 × 70 cm
Cortesia [Courtesy] Central Galeria,
São Paulo, Brasil

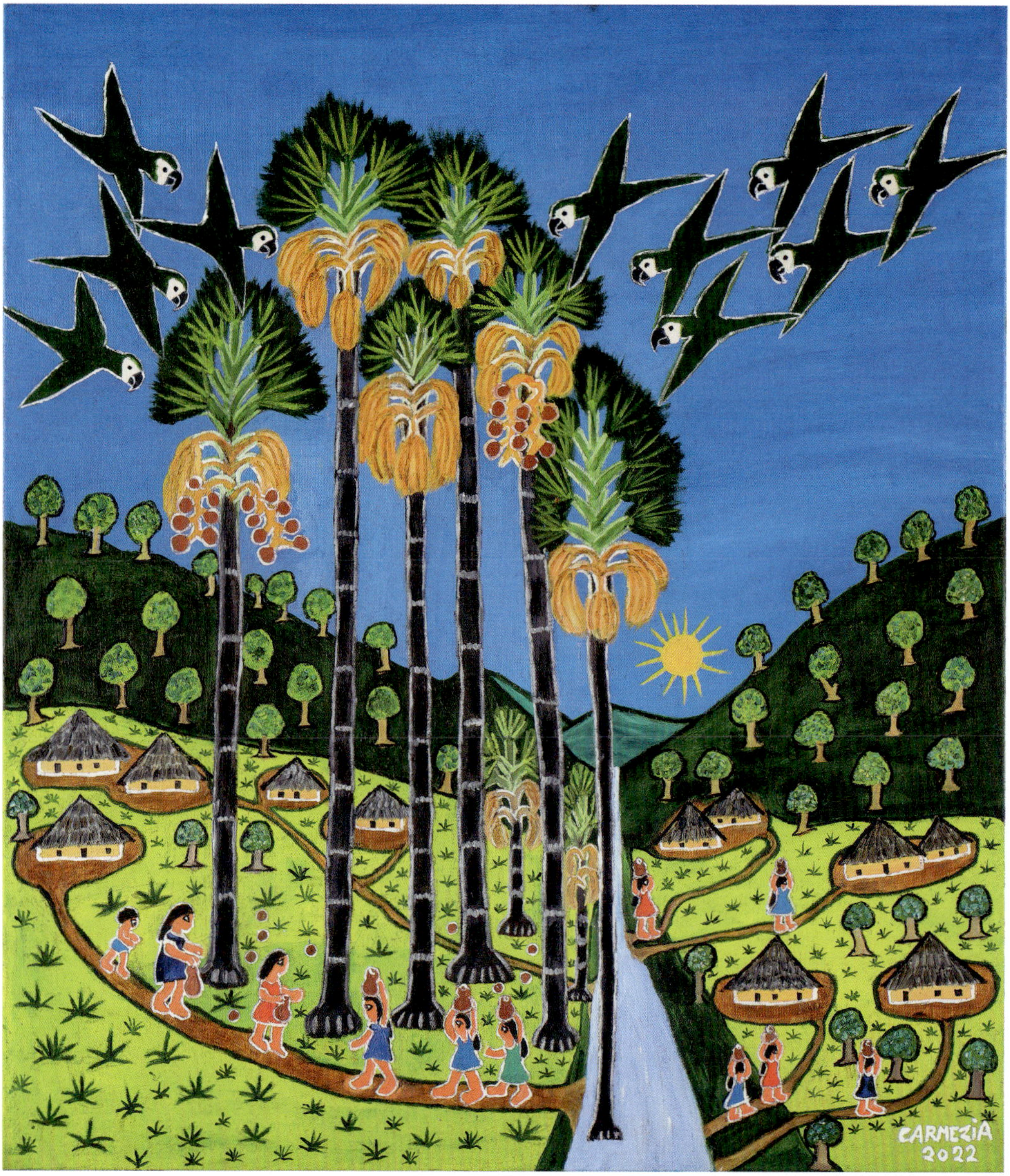

31.

Colhendo caju
[Picking Cashews], 2022
Óleo sobre tela
[Oil on canvas], 70 × 60 cm
Cortesia [Courtesy] Central Galeria,
São Paulo, Brasil

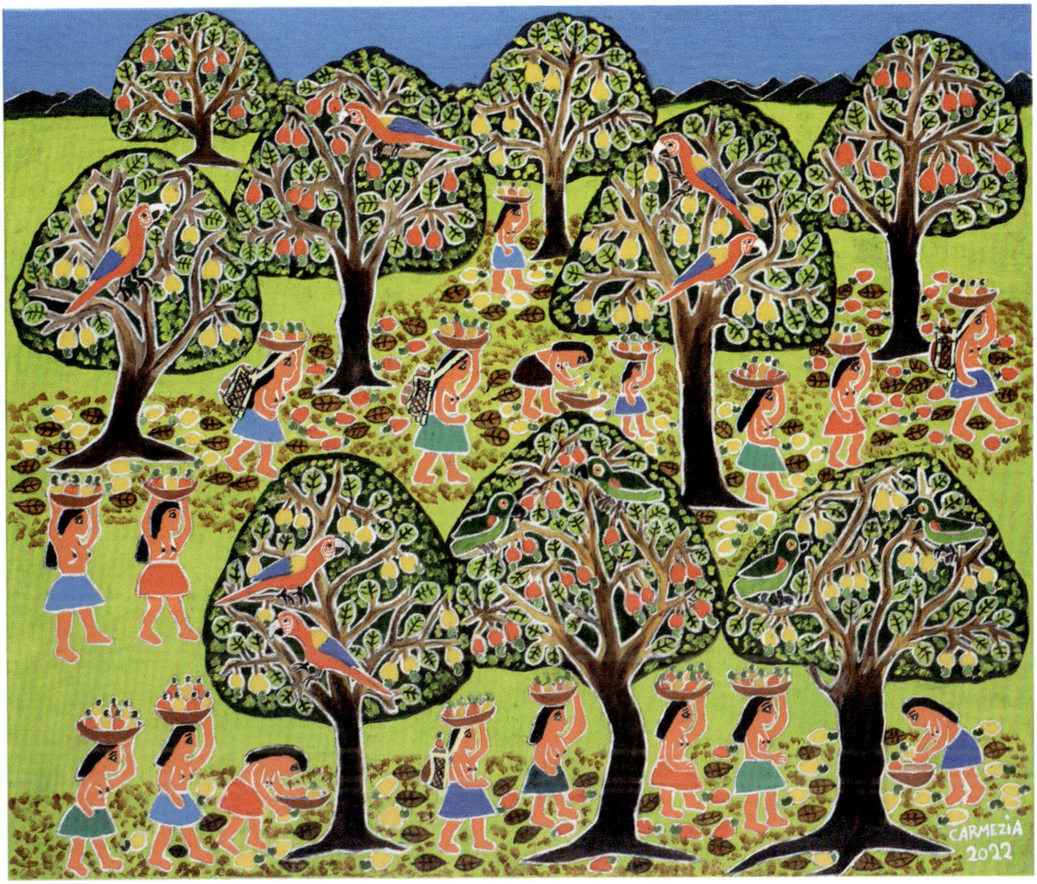

32.

Os caçadores
[The Hunters], 2022
Óleo sobre tela
[Oil on canvas], 60 × 70 cm
Coleção [Collection] Augusto
Luitgards, Brasília, Brasil

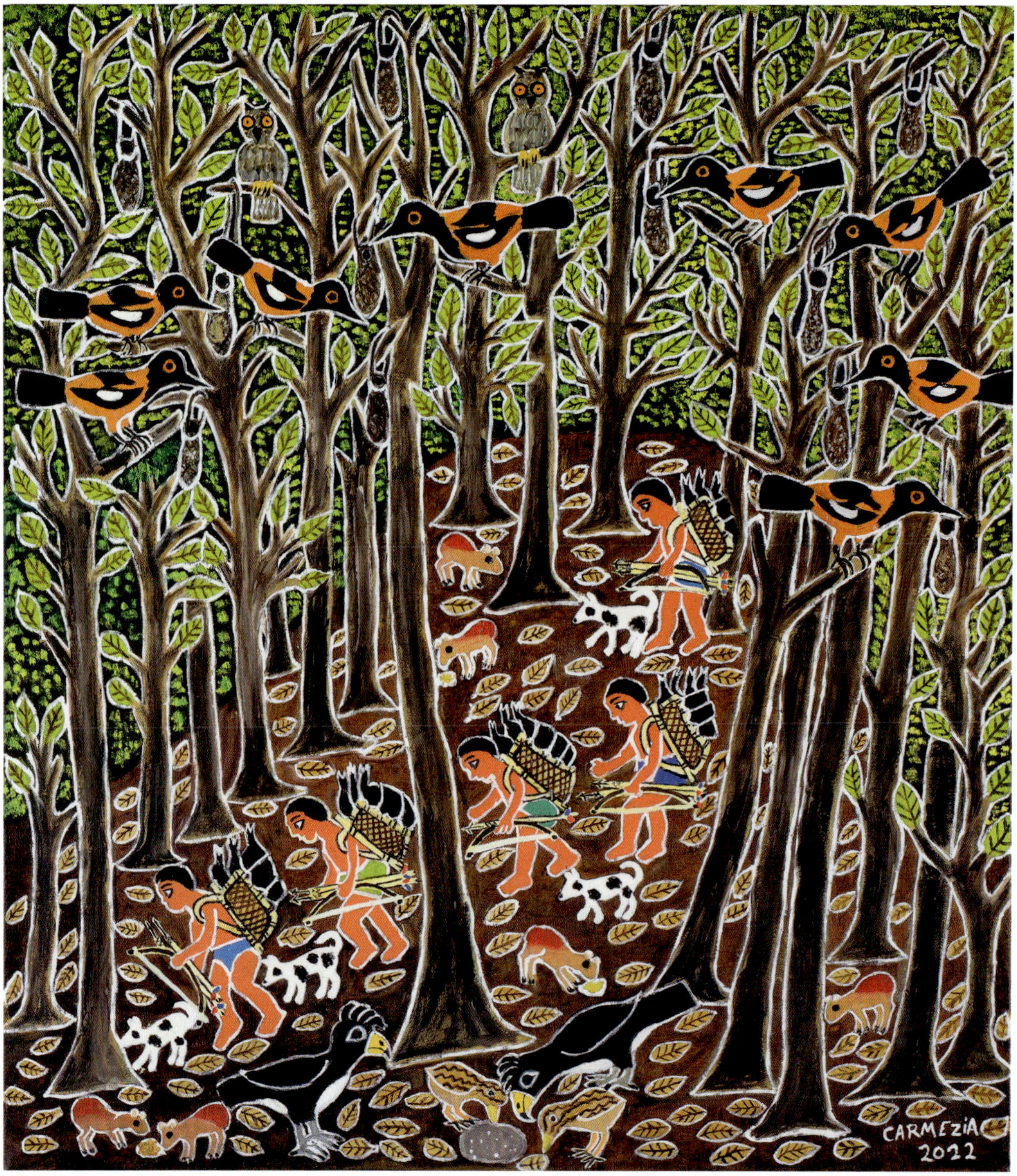

33.

A Mata Geral
[The General Forest], 2022
Óleo sobre tela
[Oil on canvas], 60 × 60 cm
Cortesia [Courtesy] Central Galeria,
São Paulo, Brasil

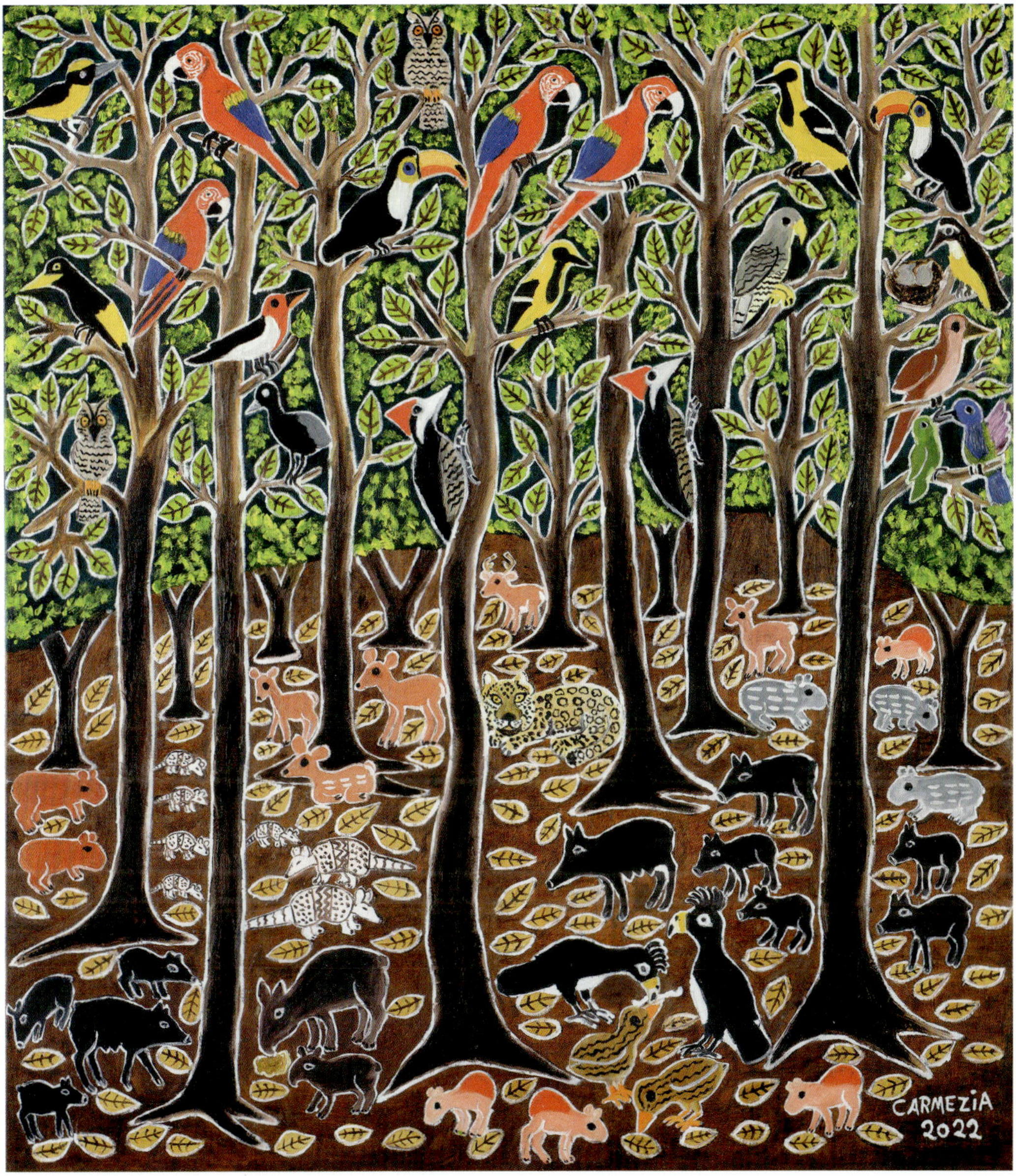

34.

Araras [Macaws], 2018
Óleo sobre tela
[Oil on canvas], 50 × 50 cm
Coleção [Collection] Augusto
Luitgards, Brasília, Brasil

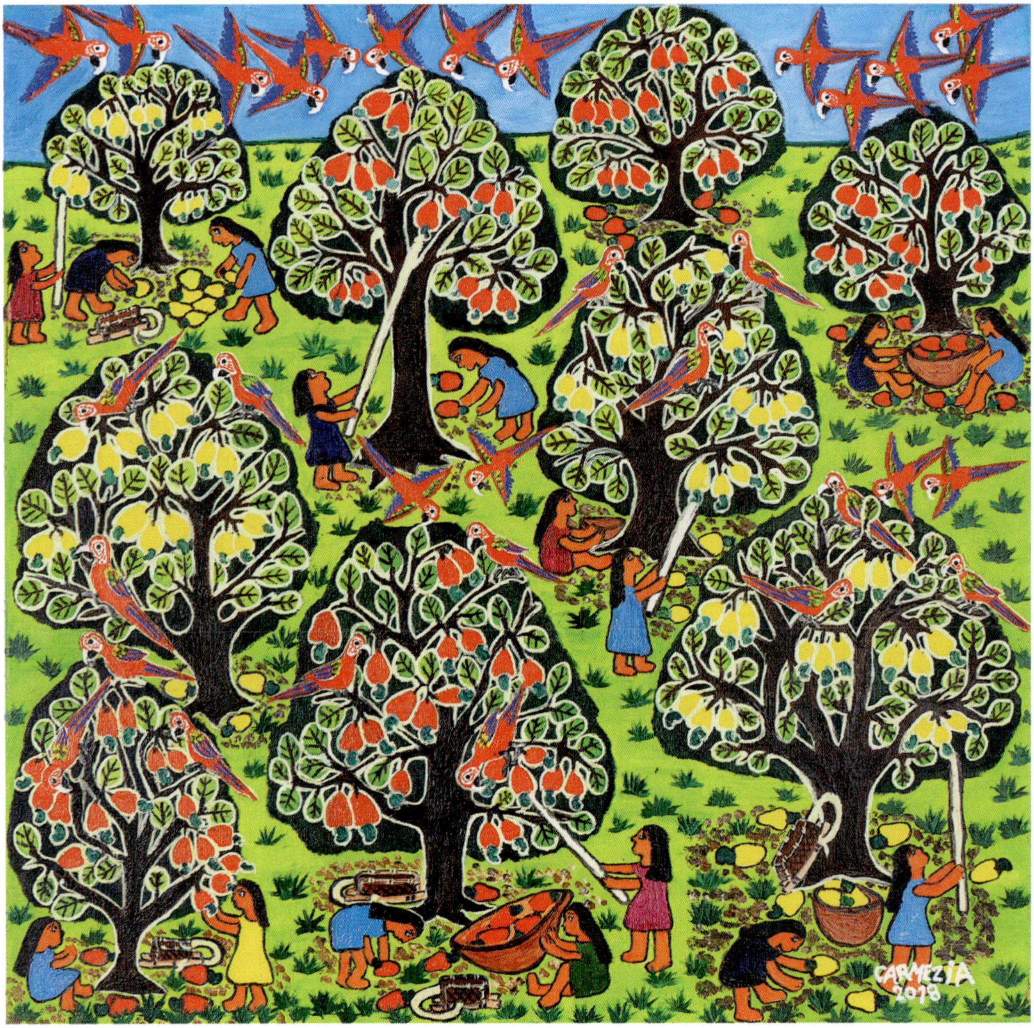

35.

Minha gente
[My People], 2018
Óleo sobre tela
[Oil on canvas], 100 × 80 cm
Coleção [Collection] Augusto
Luitgards, Brasília, Brasil

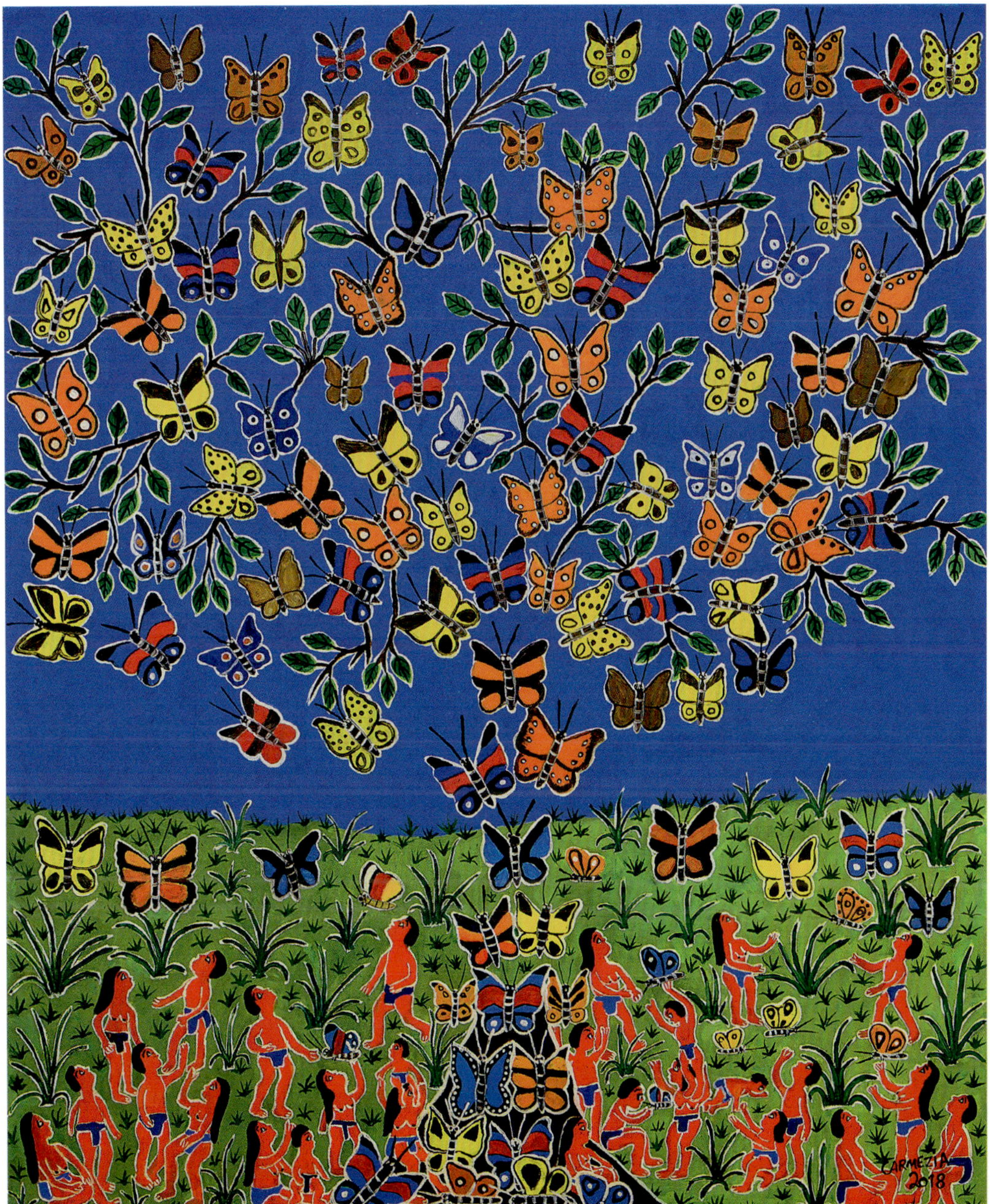

36.

Coruja
[Owl], 2018
Óleo sobre tela
[Oil on canvas], 50 × 50 cm
Coleção da artista [Collection of the artist], Boa Vista, Brasil

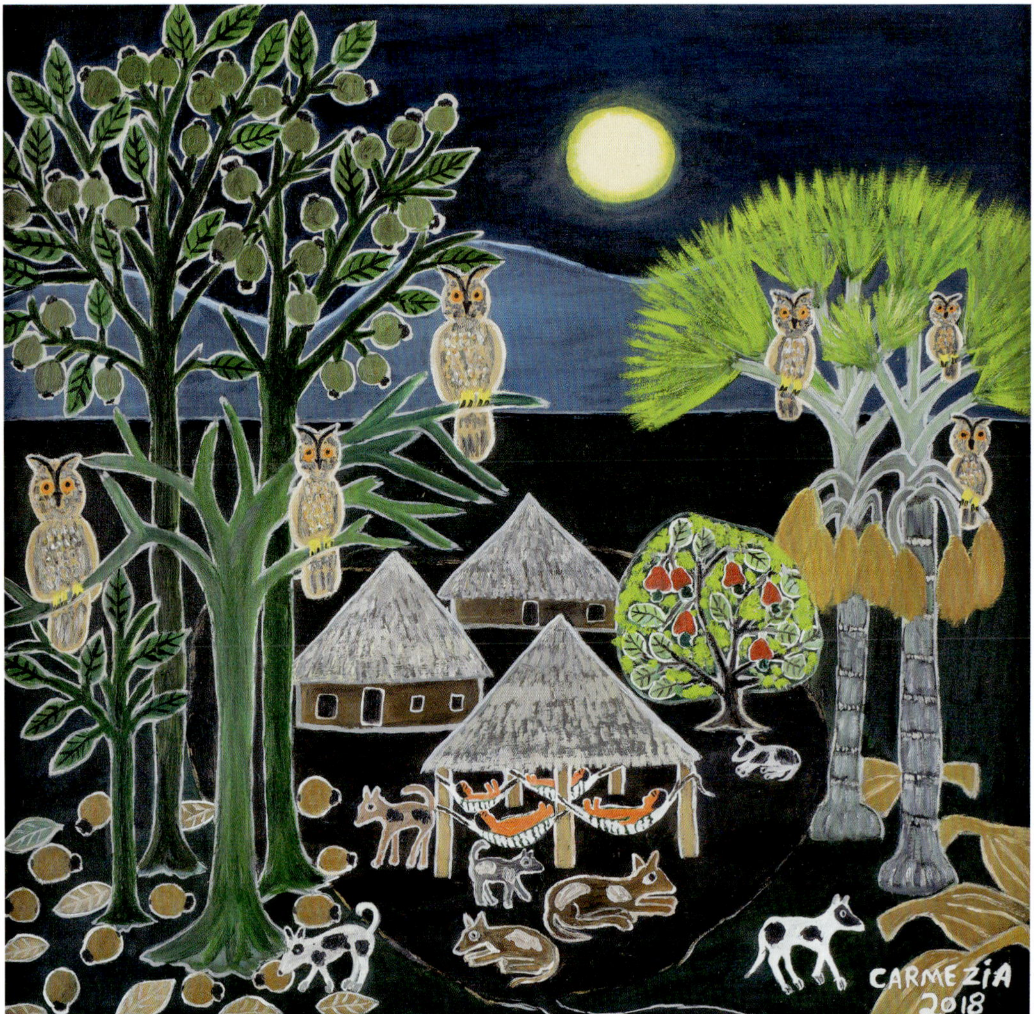

37.

Tatus
[Armadillos], 2016
Óleo sobre tela
[Oil on canvas], 30 × 40 cm
Coleção [Collection] Margarete
Oliveira, Brasília, Brasil

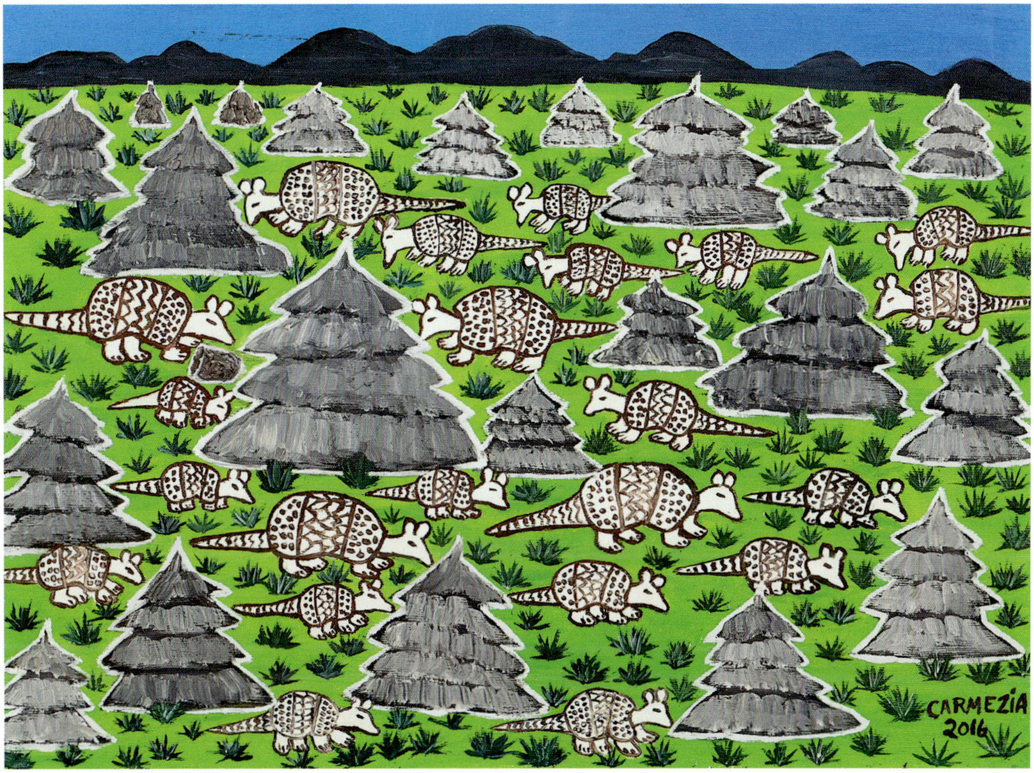

38.

Buriti, 2016
Óleo sobre tela
[Oil on canvas], 70 × 50 cm
Coleção da artista [Collection
of the artist], Boa Vista, Brasil

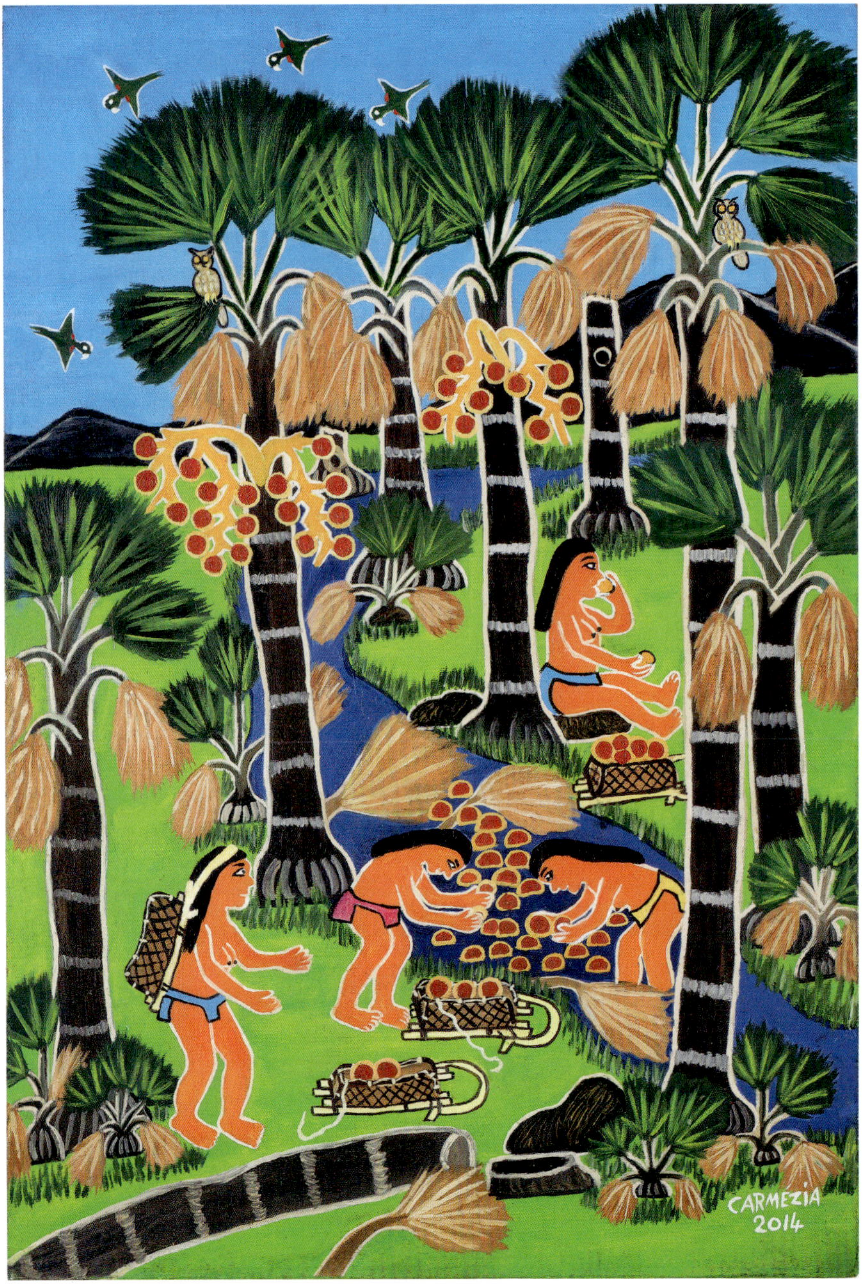

39.

Quatis
[Coatis], 2014
Óleo sobre tela
[Oil on canvas], 80 × 80 cm
Coleção [Collection] Augusto
Luitgards, Brasília, Brasil

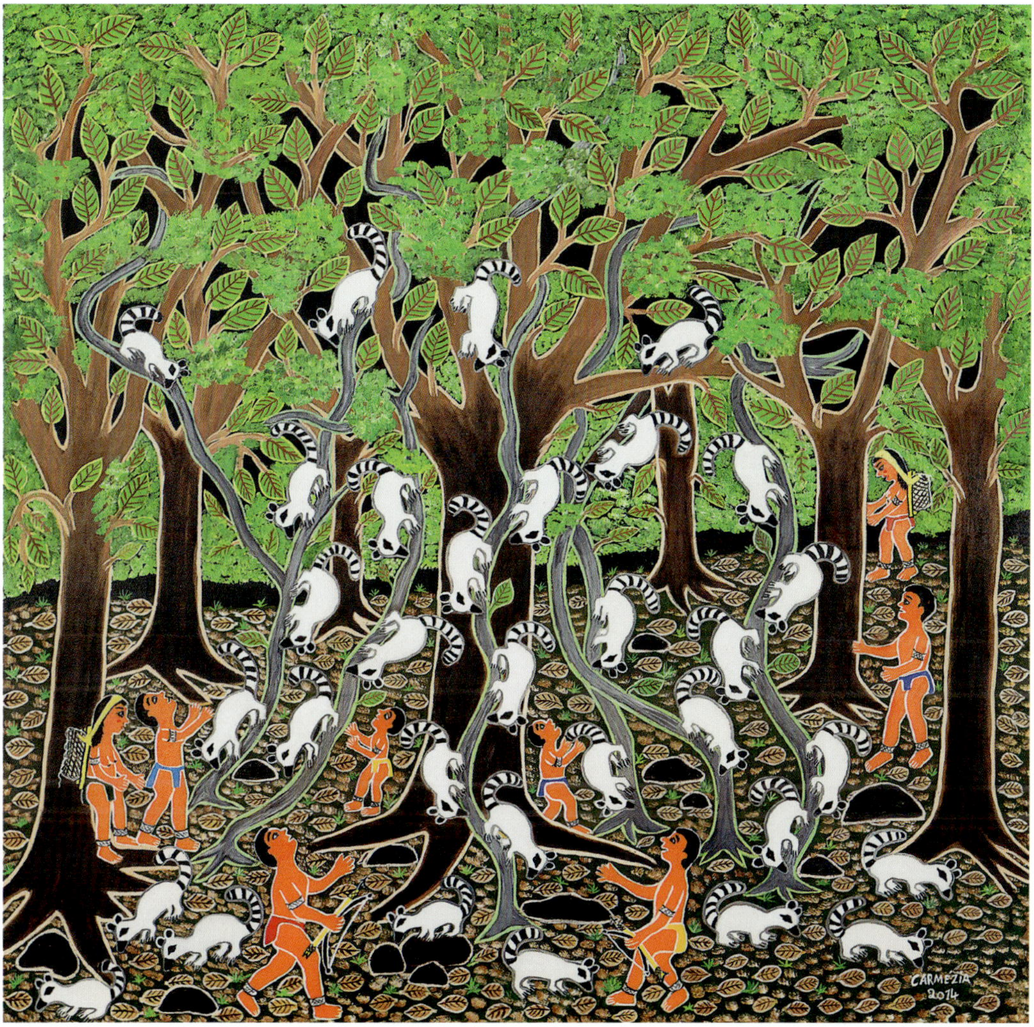

40.

Tocaia
[Ambush], 2014
Óleo sobre tela
[Oil on canvas], 80 × 80 cm
Coleção [Collection] Augusto
Luitgards, Brasília, Brasil

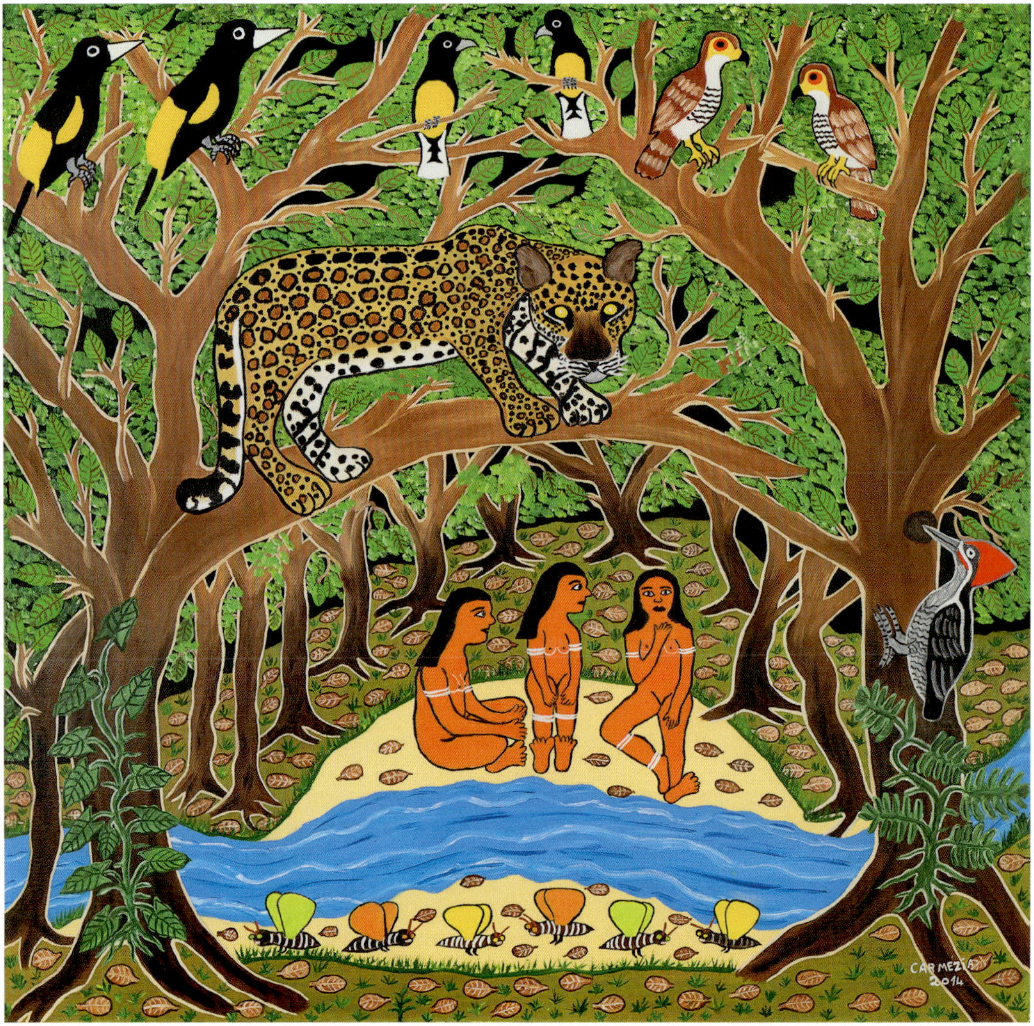

41.

Sereia
[Mermaid], 2012
Óleo sobre tela
[Oil on canvas], 60 × 60 cm
Coleção da artista [Collection
of the artist], Boa Vista, Brasil

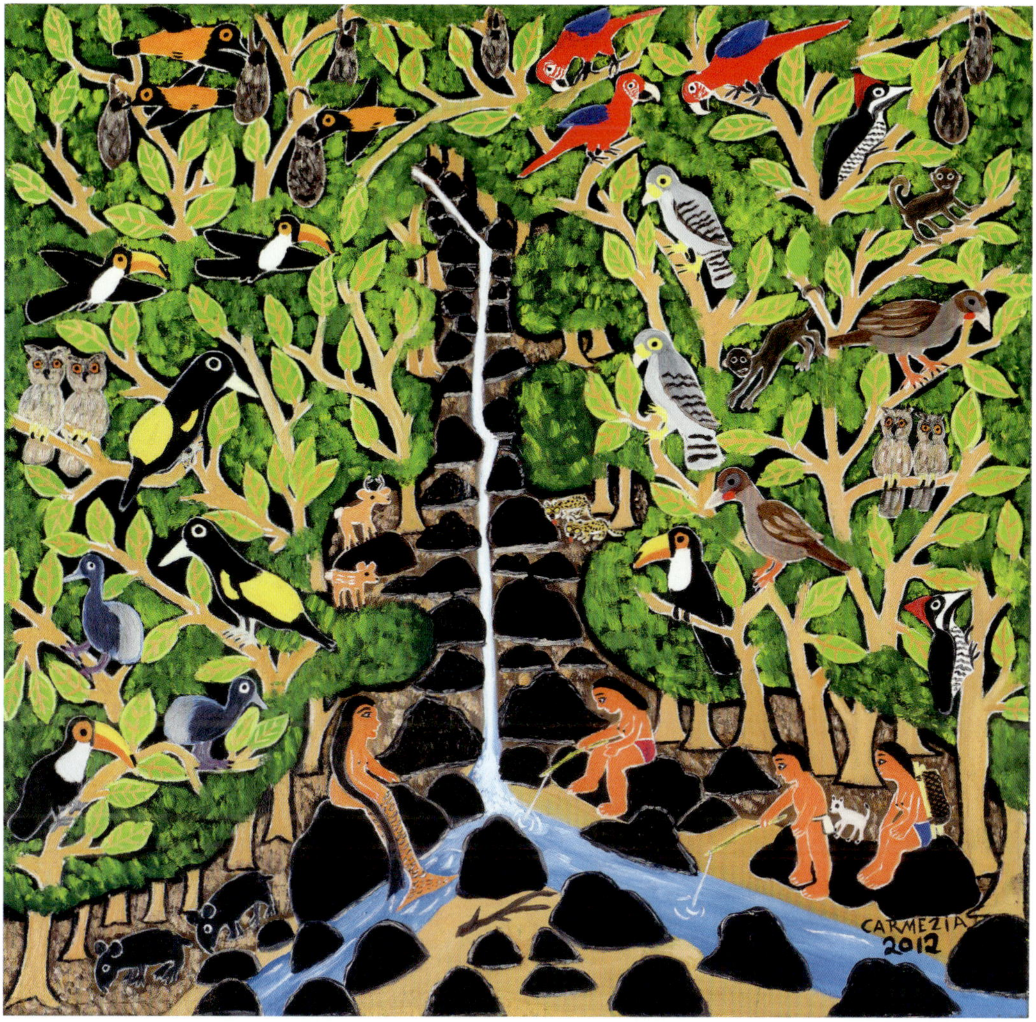

42.

Pescadores
[Fisherpeople], 2018
Óleo sobre tela
[Oil on canvas], 40 × 50 cm
Coleção [Collection] Augusto
Luitgards, Brasília, Brasil

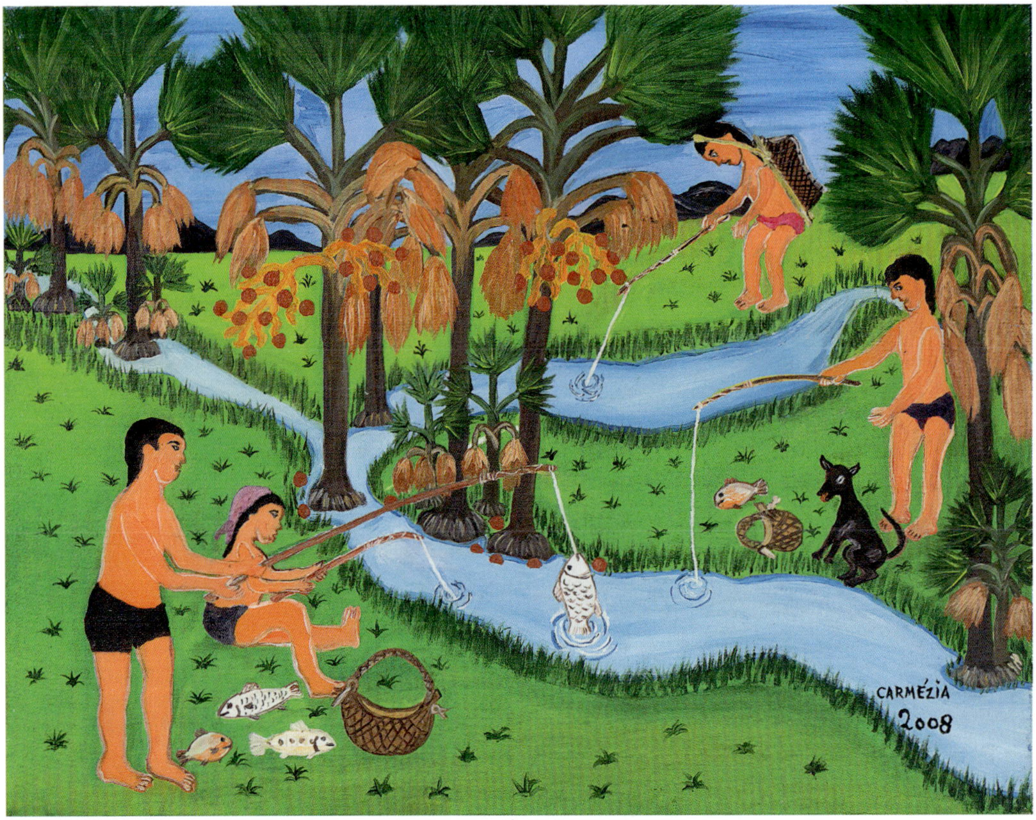

43.

Passarada
[Flock of Birds], 2012
Óleo sobre tela
[Oil on canvas], 70 × 70 cm
Coleção [Collection] Augusto
Luitgards, Brasília, Brasil

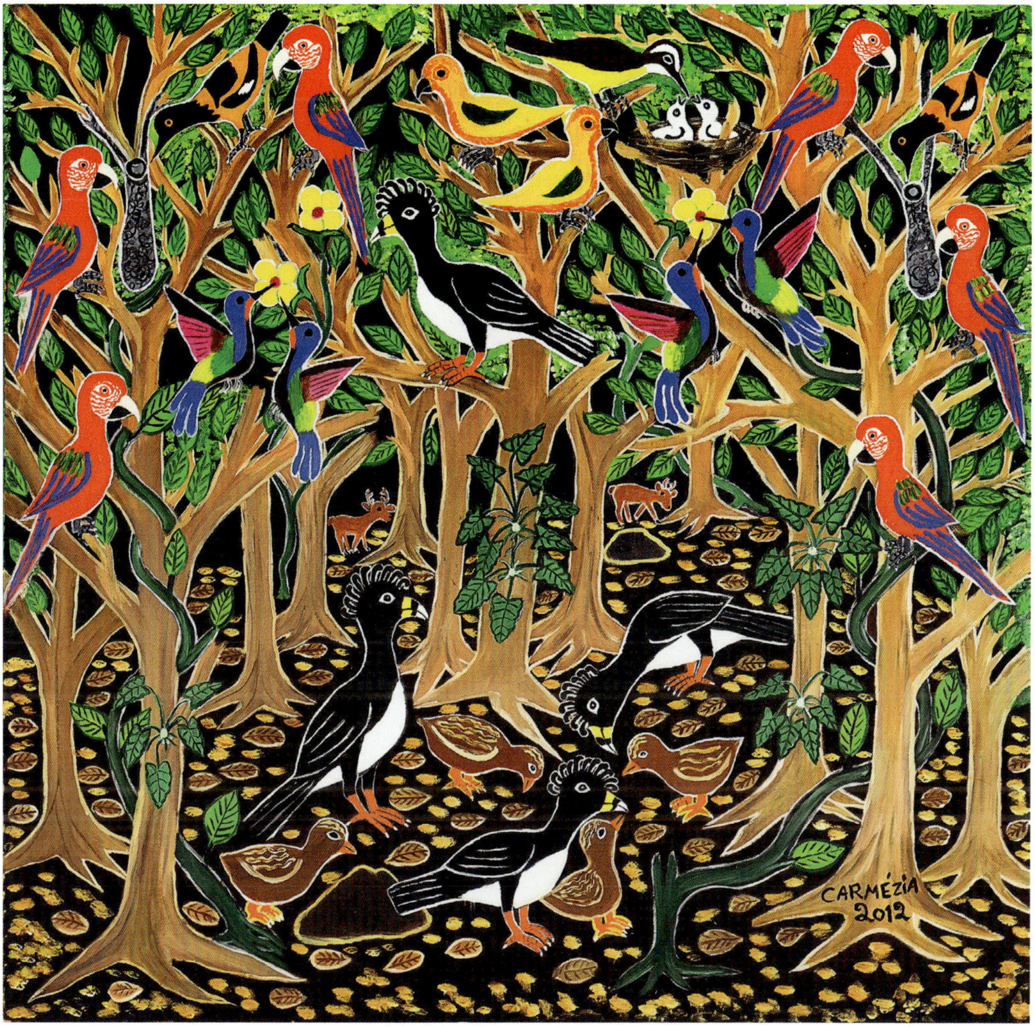

44.

Eu [I], 2022
Óleo sobre tela [Oil on canvas], 70 × 60 cm
Museu de Arte de São Paulo Assis Chateaubriand, doação [gift], Carolina Rossetti e [and] Heitor de Araújo Martins, no contexto da exposição *Histórias brasileiras* [in the context of the *Brazilian Histories* exhibition], 2022, MASP.11404

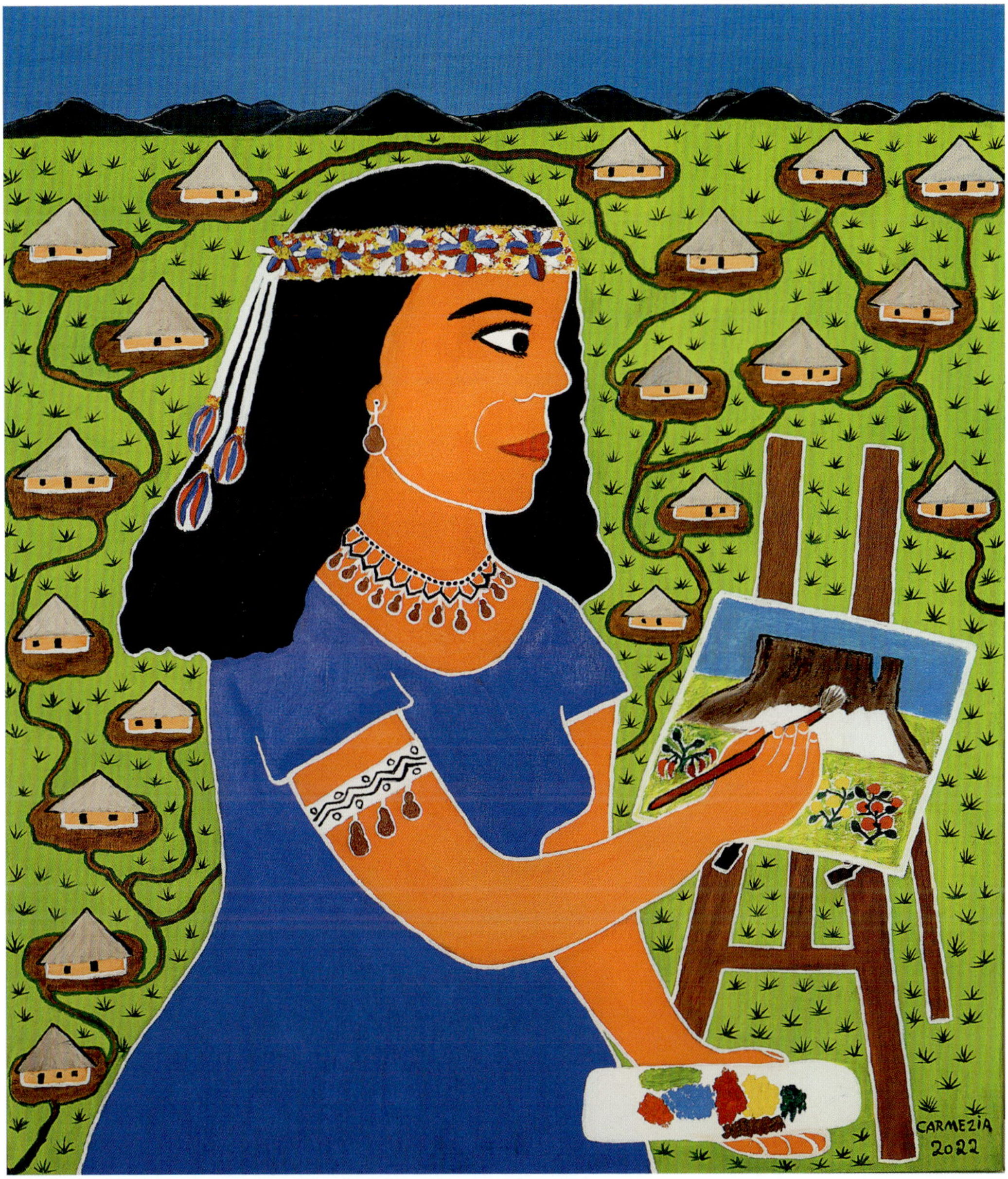
CARMEZIA
2022

45.

Wazaká, 2022
Óleo sobre tela
[Oil on canvas], 70 × 60 cm
Cortesia [Courtesy] Central Galeria,
São Paulo, Brasil

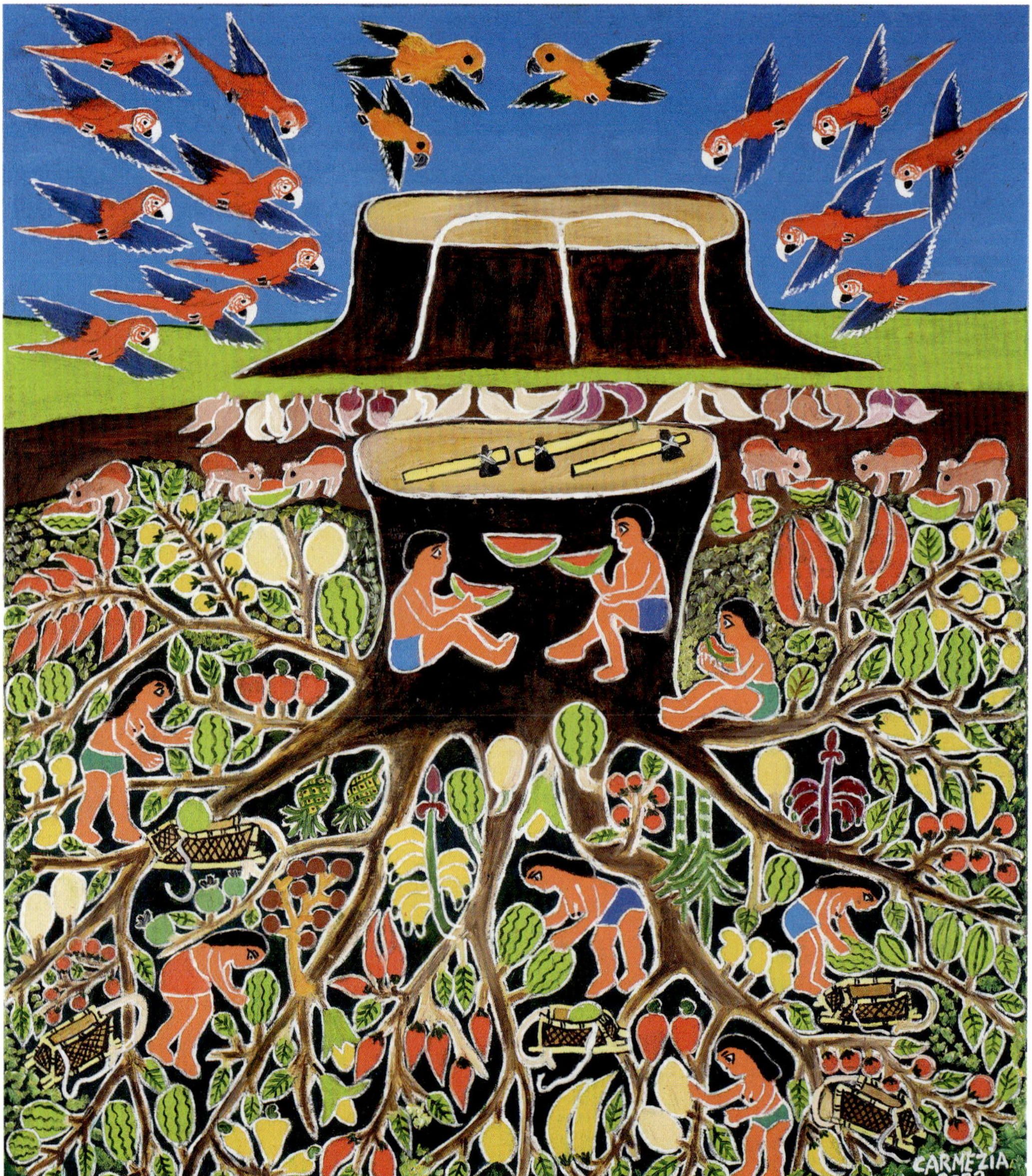

46.

Pimenta é ouro
[Pepper is Gold], 2010
Óleo sobre tela [Oil on canvas], 60 × 80 cm
Coleção [Collection] Juliana Siqueira
de Sá e [and] Manu Ferraz, São Paulo, Brasil

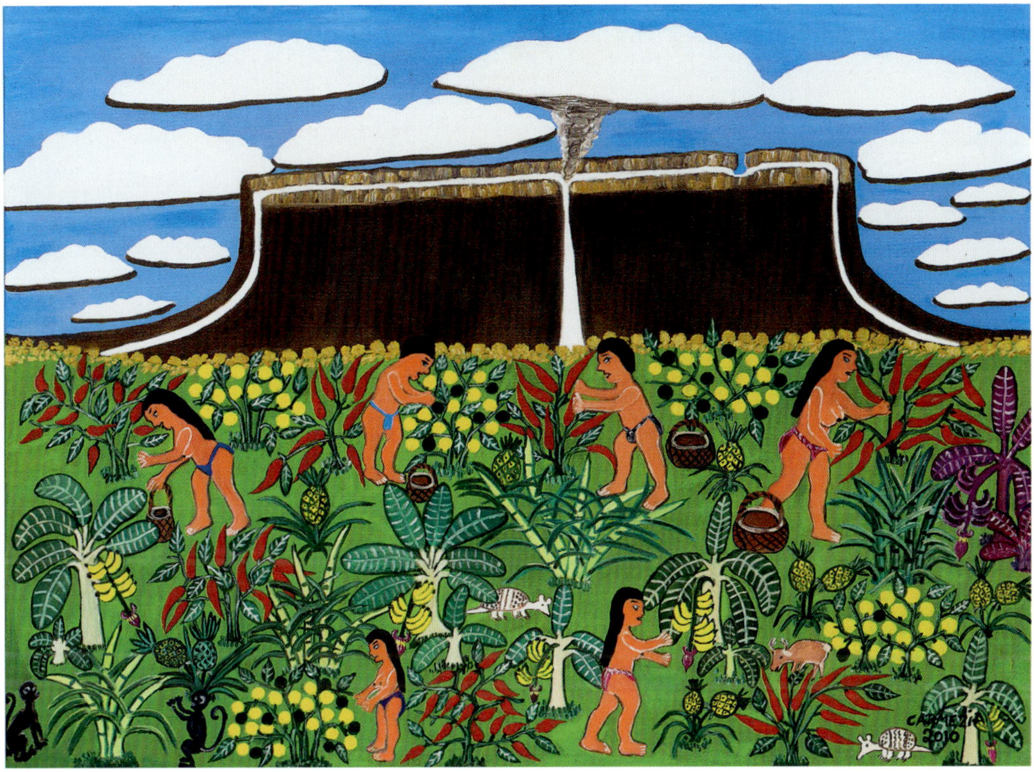

47.

Parixara, 2020
Óleo sobre tela
[Oil on canvas], 60 × 60 cm
Museu de Arte de São Paulo Assis Chateaubriand, doação anônima [anonymous gift], no contexto da exposição *Histórias da dança* [in the context of the *Histories of Dance* exhibition], 2020, MASP.11049

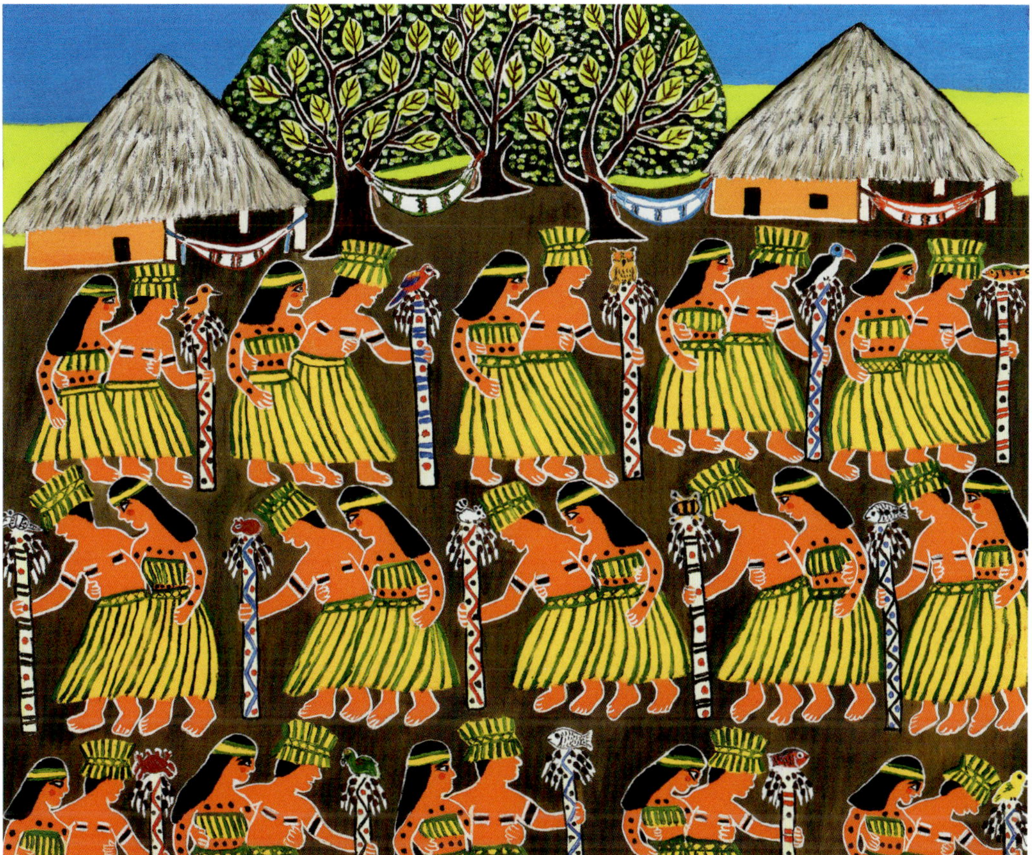
CARMEZIA
2020

48.

Dança do parixara
[Parixara Dance], 2022
Óleo sobre tela
[Oil on canvas], 60 × 70 cm
Cortesia [Courtesy] Central Galeria,
São Paulo, Brasil

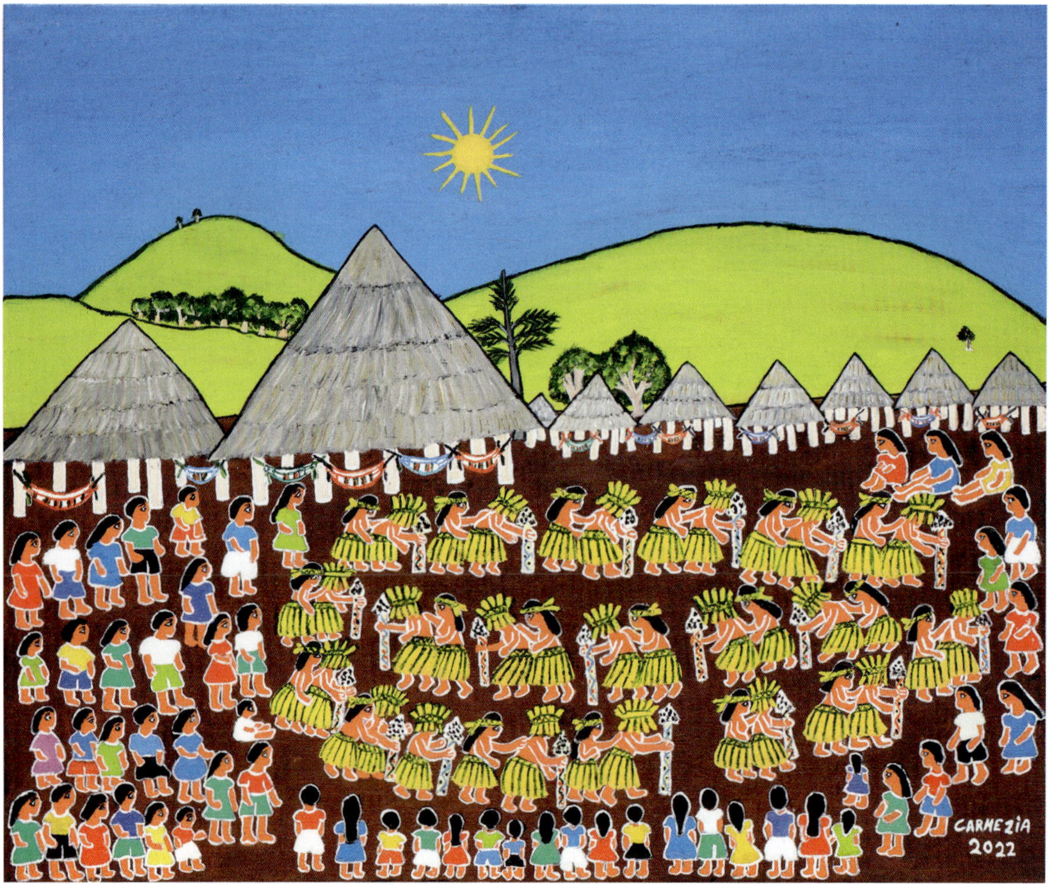

49.

Dança do beija-flor
[Hummingbird Dance], 2022
Óleo sobre tela
[Oil on canvas], 60 × 60 cm
Cortesia [Courtesy] Central Galeria,
São Paulo, Brasil

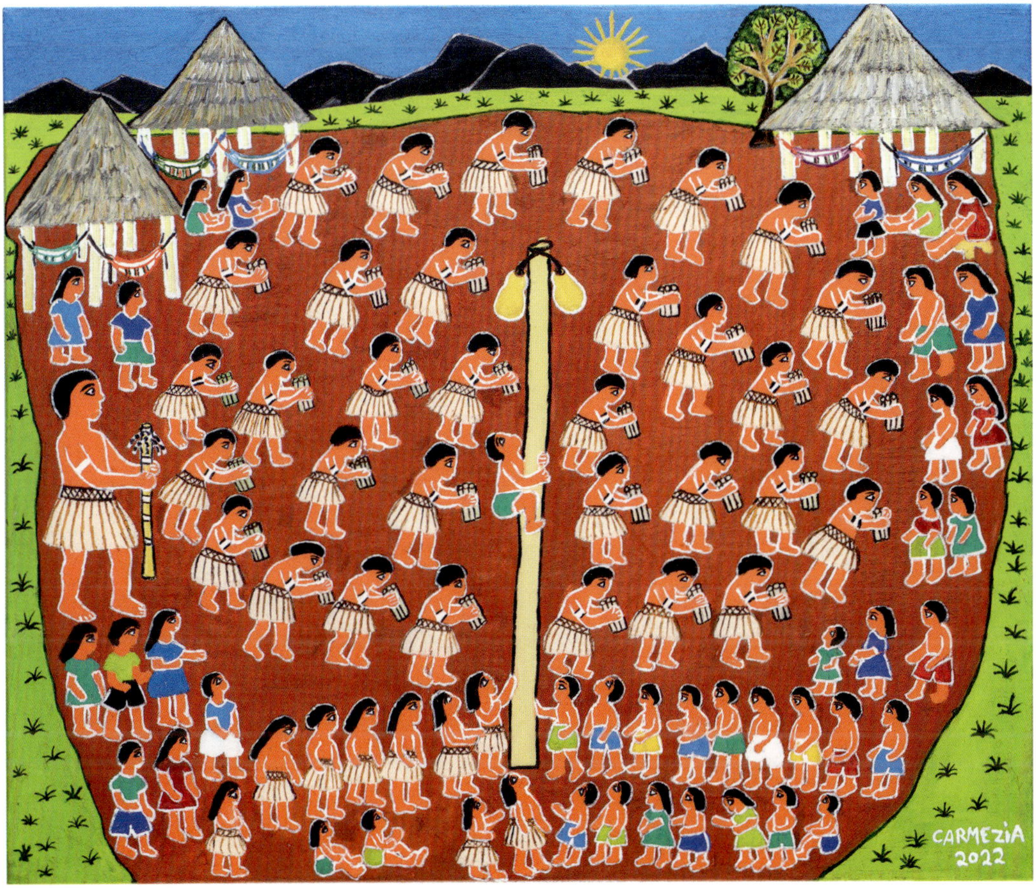

50.

Forró na maloca
[Forró in the Maloca], 2020
Óleo sobre tela
[Oil on canvas], 60 × 60 cm
Coleção [Collection] Augusto
Luitgards, Brasília, Brasil

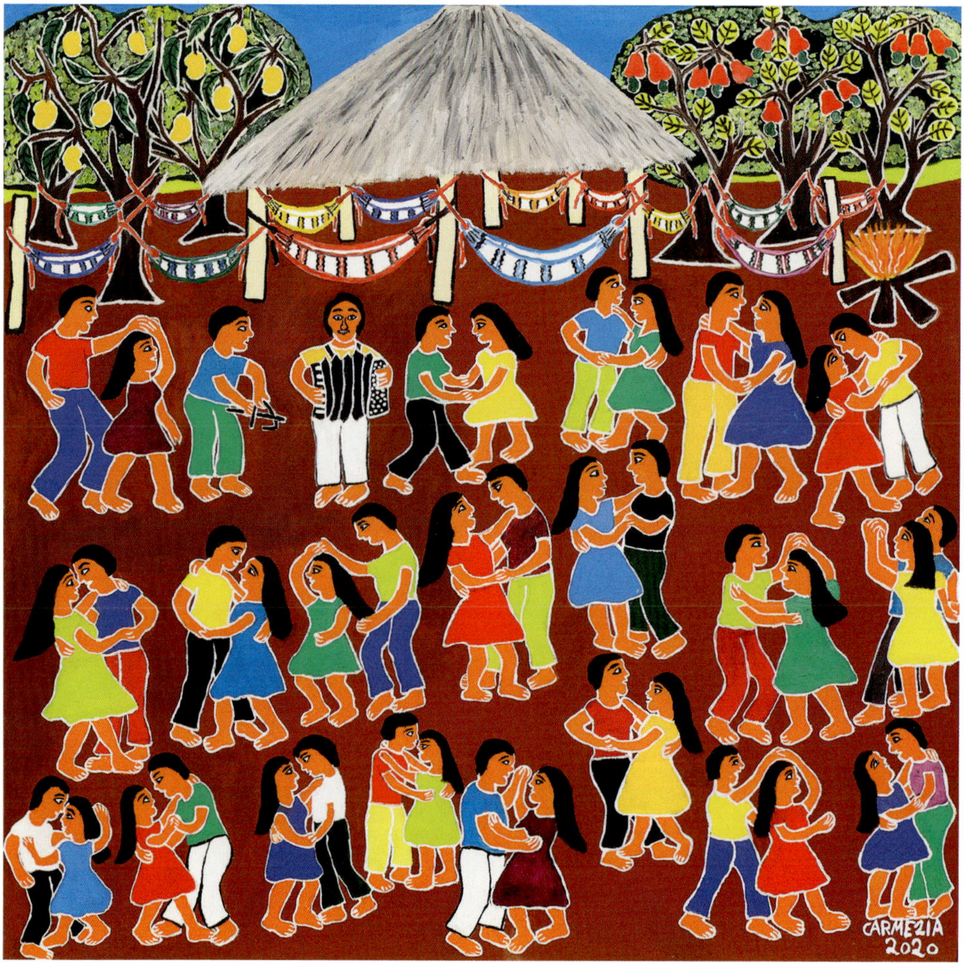

51.

Dia do índio
[Indian Day], 2020
Óleo sobre tela
[Oil on canvas], 50 × 70 cm
Coleção [Collection] Augusto
Luitgards, Brasília, Brasil

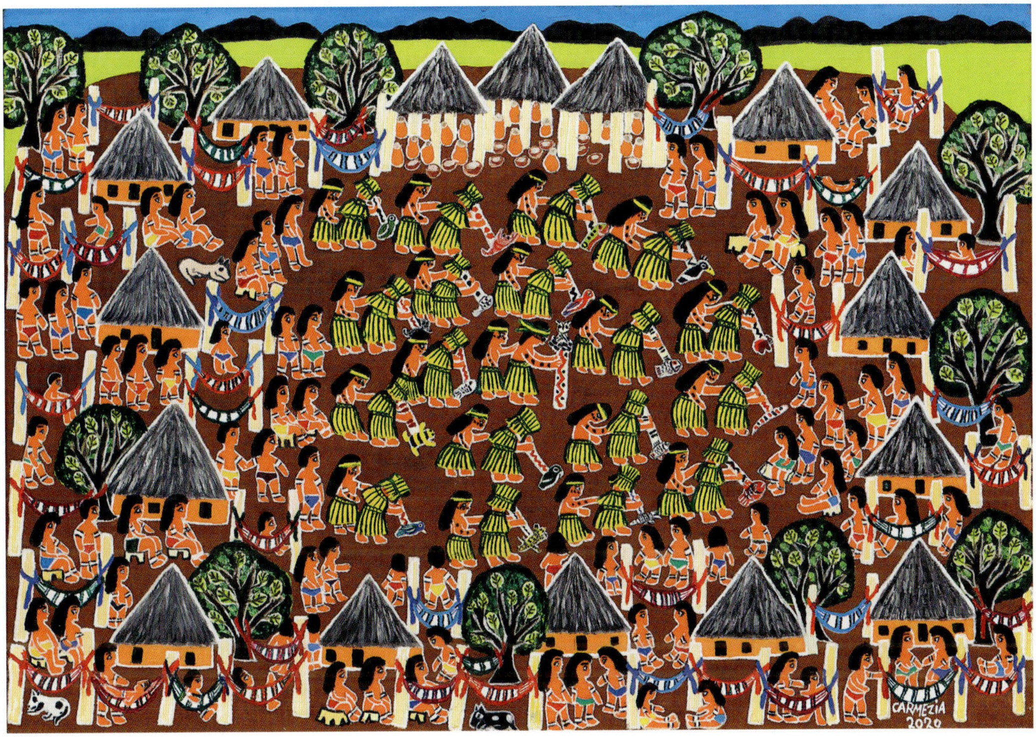

52.
Corrida da massa
[Collective Run], 2012
Óleo sobre tela
[Oil on canvas], 30 × 120 cm
Coleção [Collection] Augusto
Luitgards, Brasília, Brasil

54.

Dança do beija-flor
[Hummingbird Dance], 2011
Óleo sobre tela
[Oil on canvas], 50 × 70 cm
Cortesia [Courtesy] Central Galeria,
São Paulo, Brasil

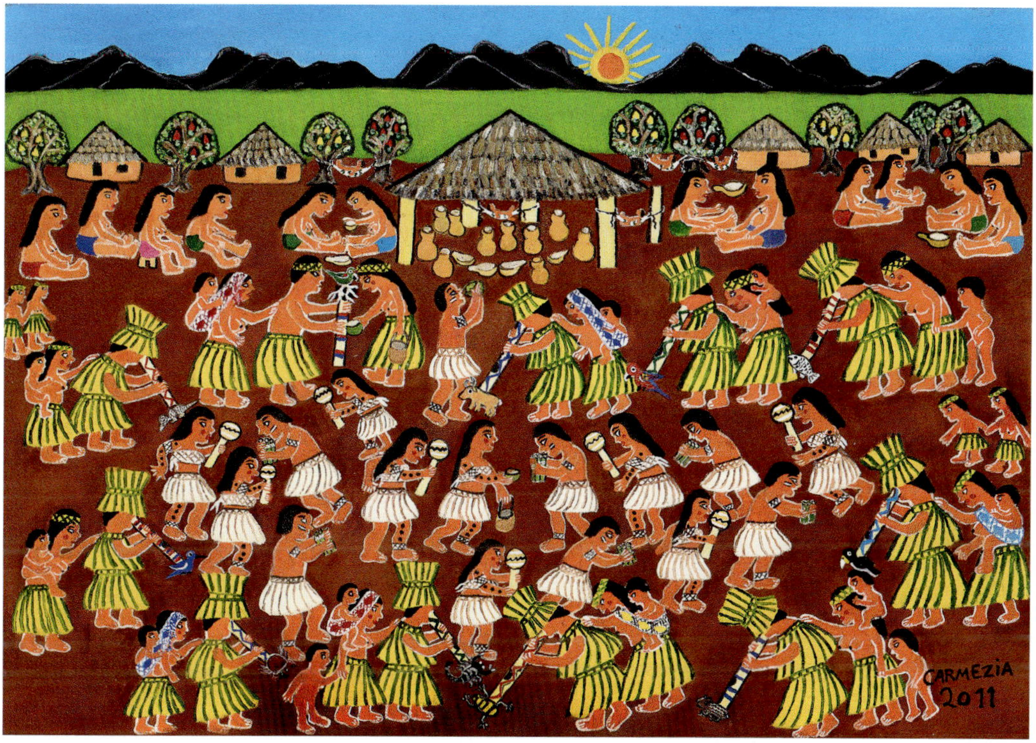

55.

Dança do beija-flor
[Hummingbird Dance], 2011
Óleo sobre tela
[Oil on canvas], 60 × 80 cm
Coleção [Collection] Augusto
Luitgards, Brasília, Brasil

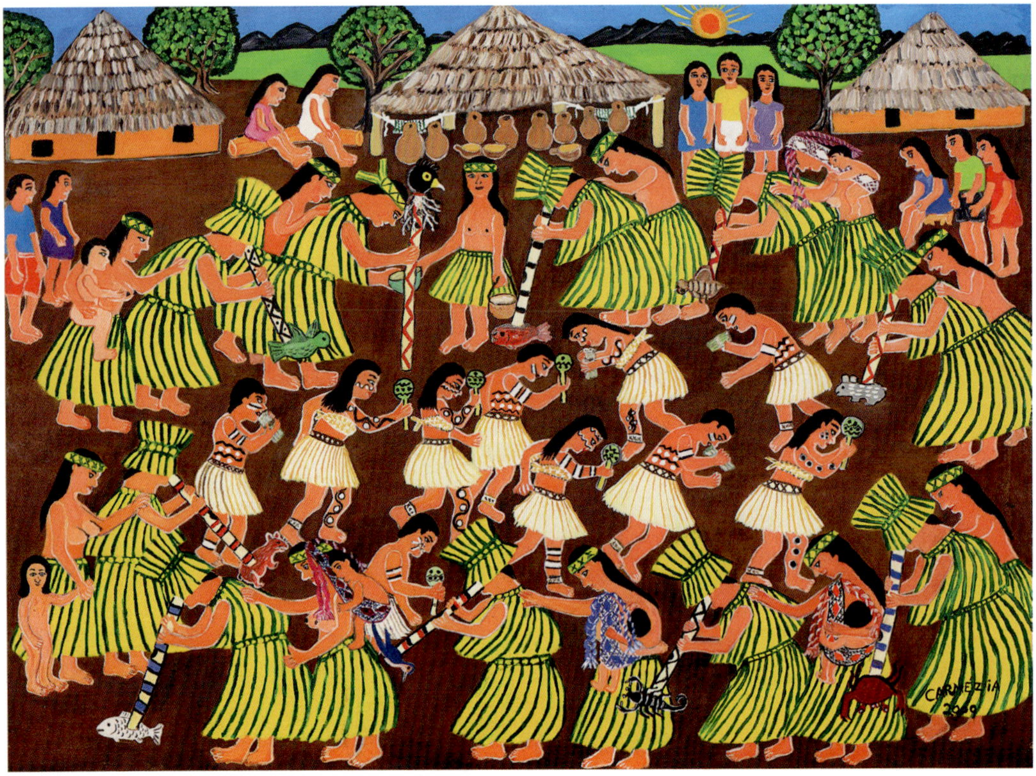

56.

Parixara e tacuí
[Parixara and Tacuí], 2008
Óleo sobre tela [Oil on canvas], 50 × 70 cm
Coleção [Collection] Juliana Siqueira
de Sá e [and] Manu Ferraz, São Paulo, Brasil

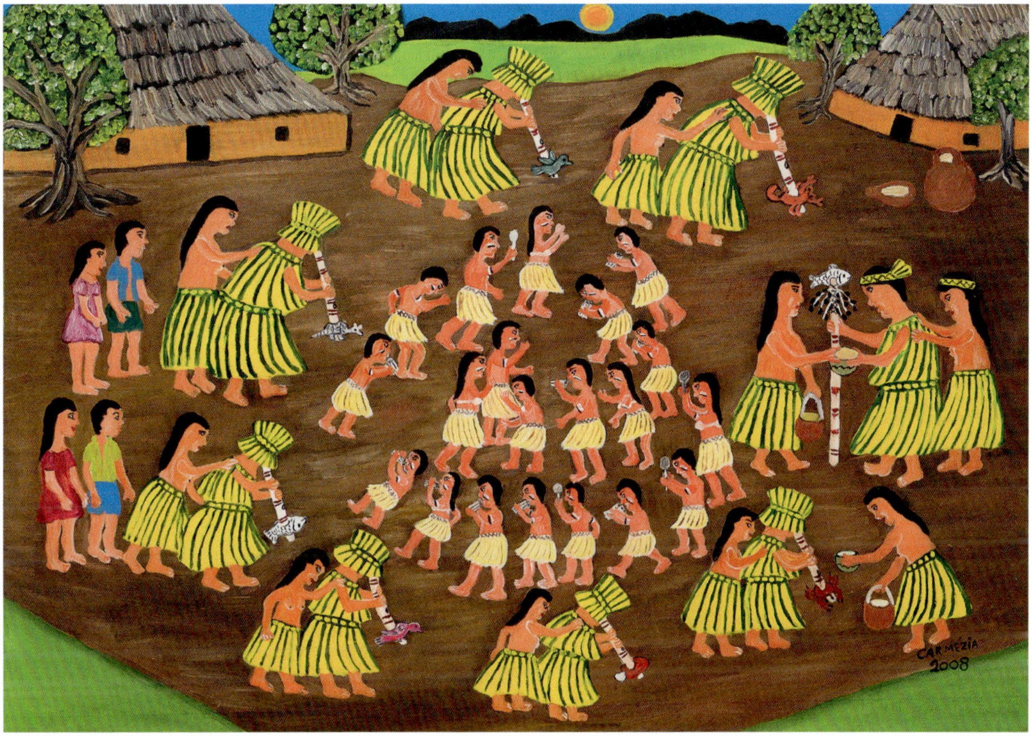

57.

Maloca do Contão
[Contão's Maloca], 2022
Óleo sobre tela [Oil on canvas], 60 × 60 cm
Museu do Sol, Penápolis, São Paulo, Brasil

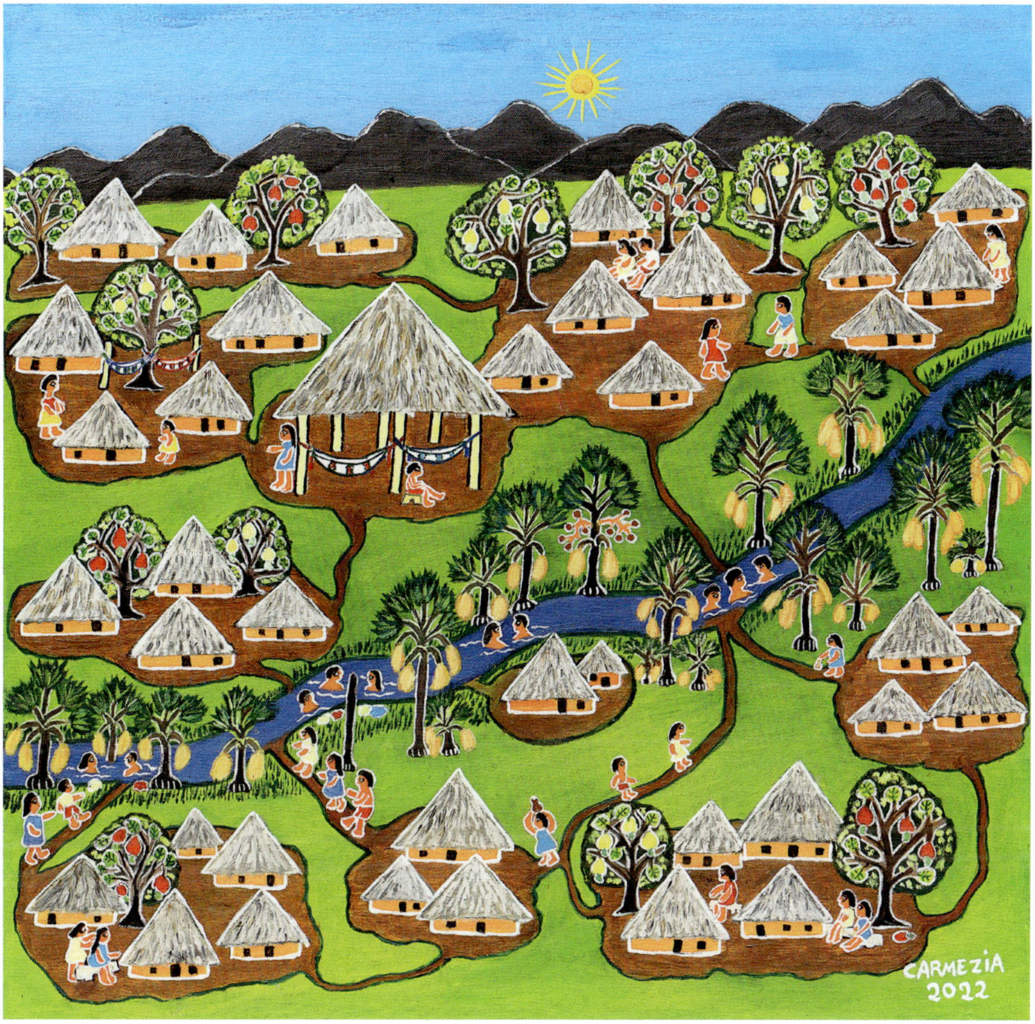
CARMEZIA
2022

58.

As índias preparando pajuaru
[Indian Women Preparing Pajuaru], 2022
Óleo sobre tela [Oil on canvas], 60 × 70 cm
Coleção da artista [Collection
of the artist], Boa Vista, Brasil

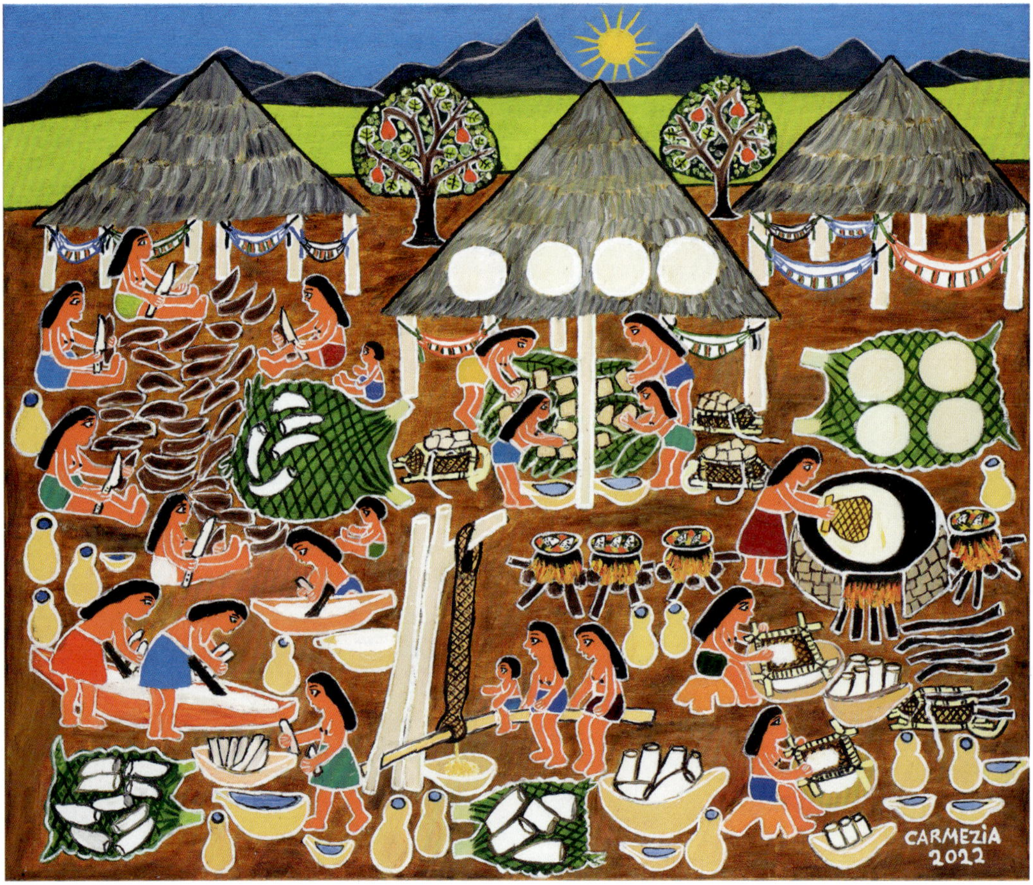

59.

Maloca do Chuminá
[Chuminá's Maloca], 2022
Óleo sobre tela [Oil on canvas], 60 × 70 cm
Coleção [Collection] Coleção Mônica e [and]
Fábio Ulhoa Coelho, São Paulo, Brasil

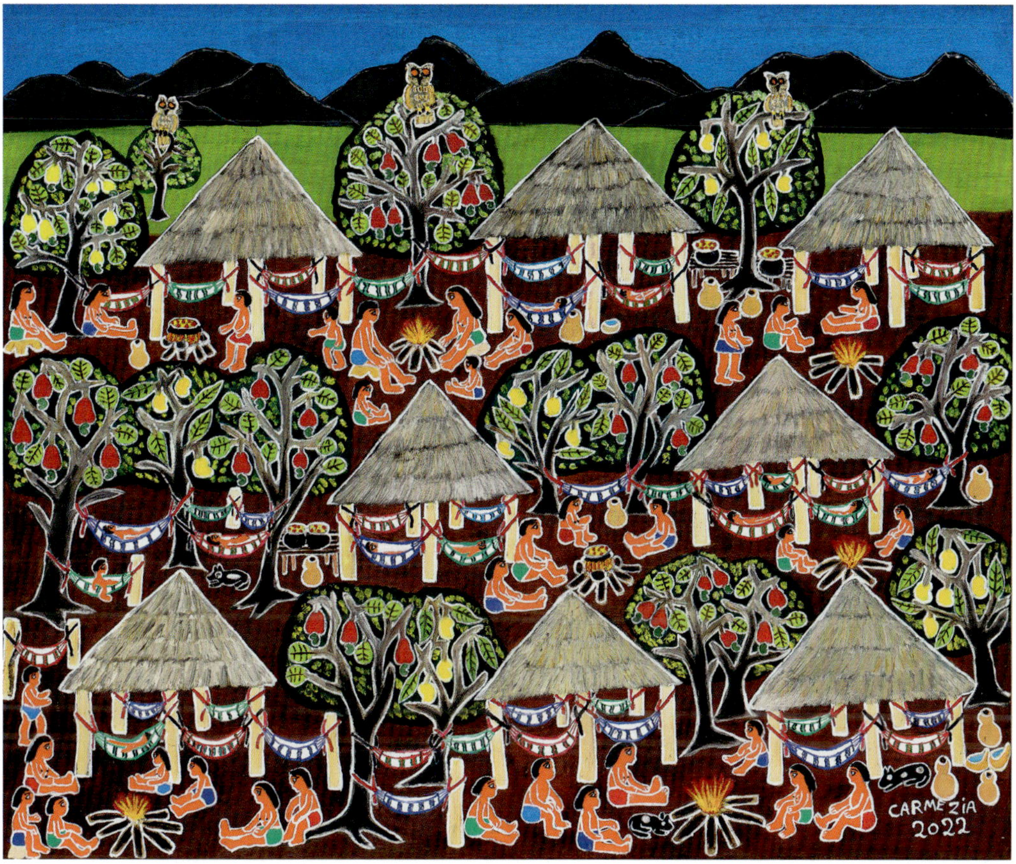

60.

Aprendendo
[Learning], 2022
Óleo sobre tela [Oil on canvas], 60 × 60 cm
Coleção [Collection] Denilson
Baniwa, Niterói, Rio de Janeiro, Brasil

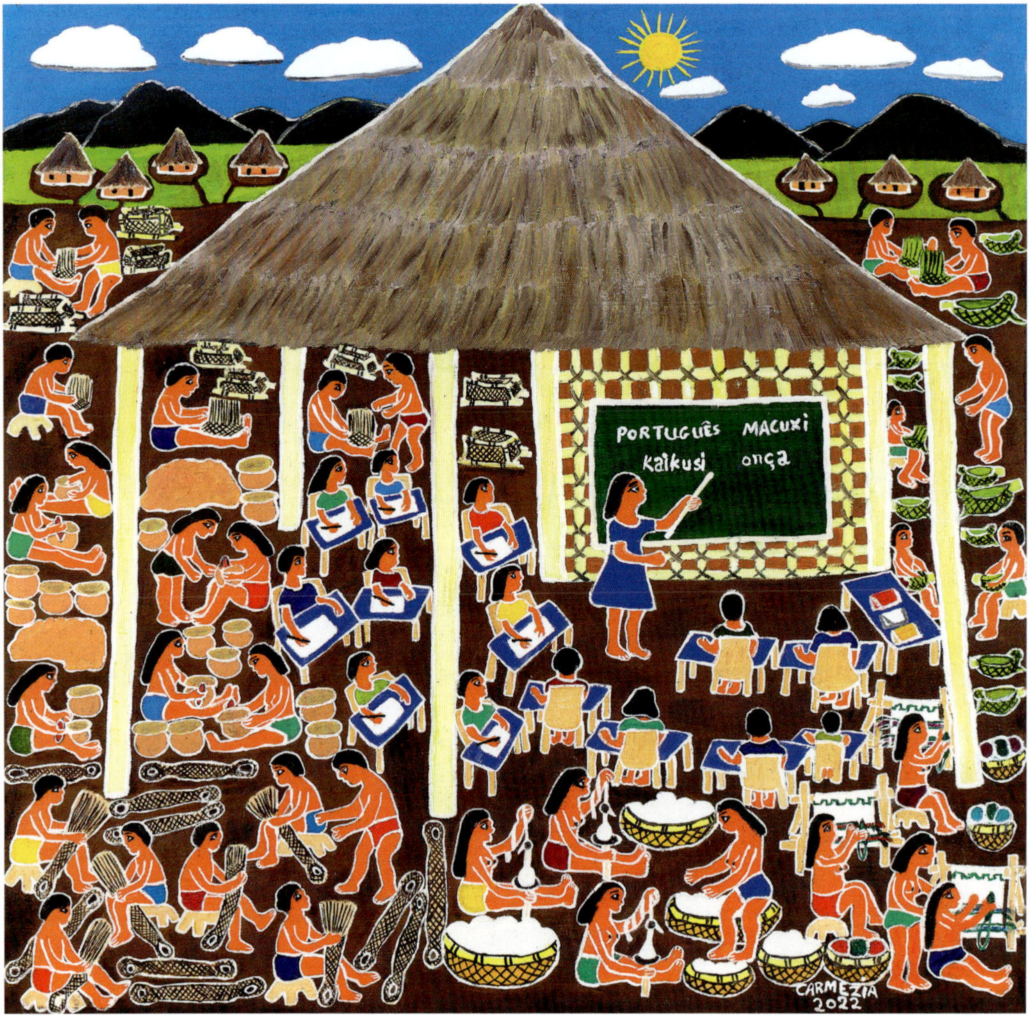

61.

Aprendendo
[Learning], 2020
Óleo sobre tela [Oil on canvas], 60 × 70 cm
Museu de Arte de São Paulo Assis Chateaubriand, obra comissionada no contexto do projeto [commissioned work in the context of the project] MASP Afterall Art School, 2021, MASP.11160

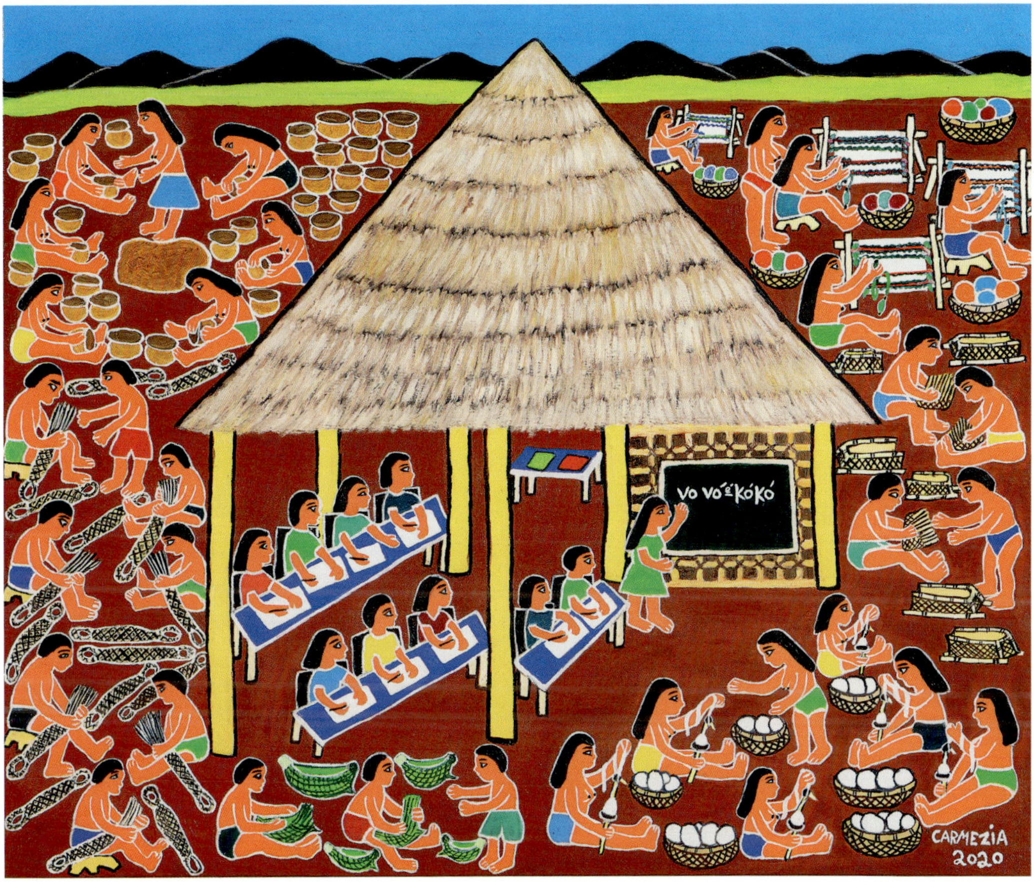

62.
Maloca, 2020
Óleo sobre tela
[Oil on canvas], 60 × 60 cm
Coleção da artista
[Collection of the artist],
Boa Vista, Brasil

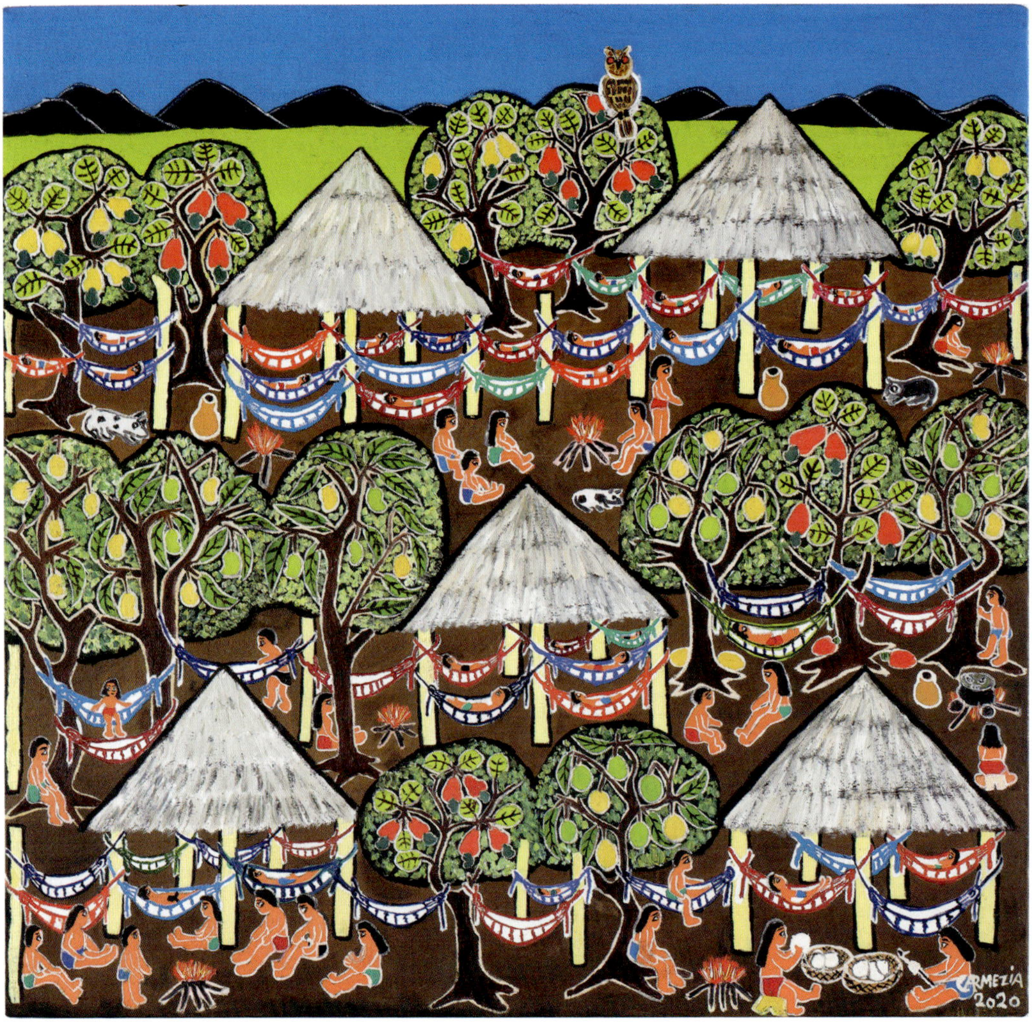

63.

Contando histórias
[Telling Stories], 2019
Óleo sobre tela
[Oil on canvas], 50 × 70 cm
Coleção [Collection] Augusto
Luitgards, Brasília, Brasil

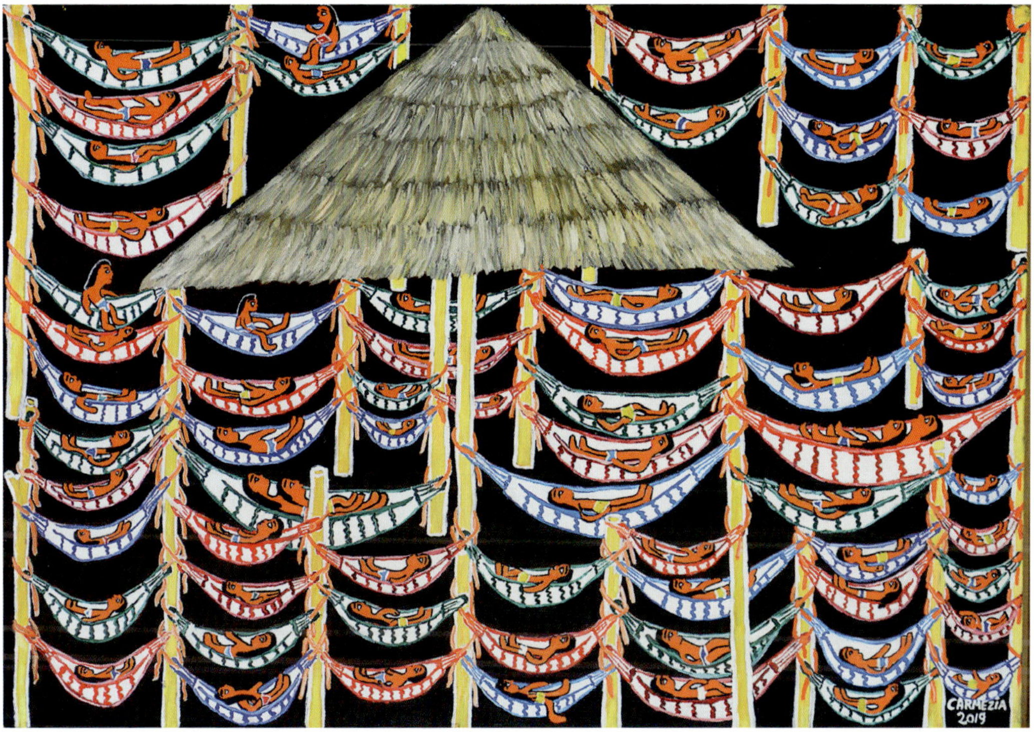

64.

Redes
[Hammocks], 2019
Óleo sobre tela [Oil on canvas], 50 × 70 cm
Pinacoteca do Estado de São Paulo, doação [gift], Patronos da Arte Contemporânea da Pinacoteca do Estado de São Paulo, Associação Pinacoteca Arte e Cultura, 2021, Brasil

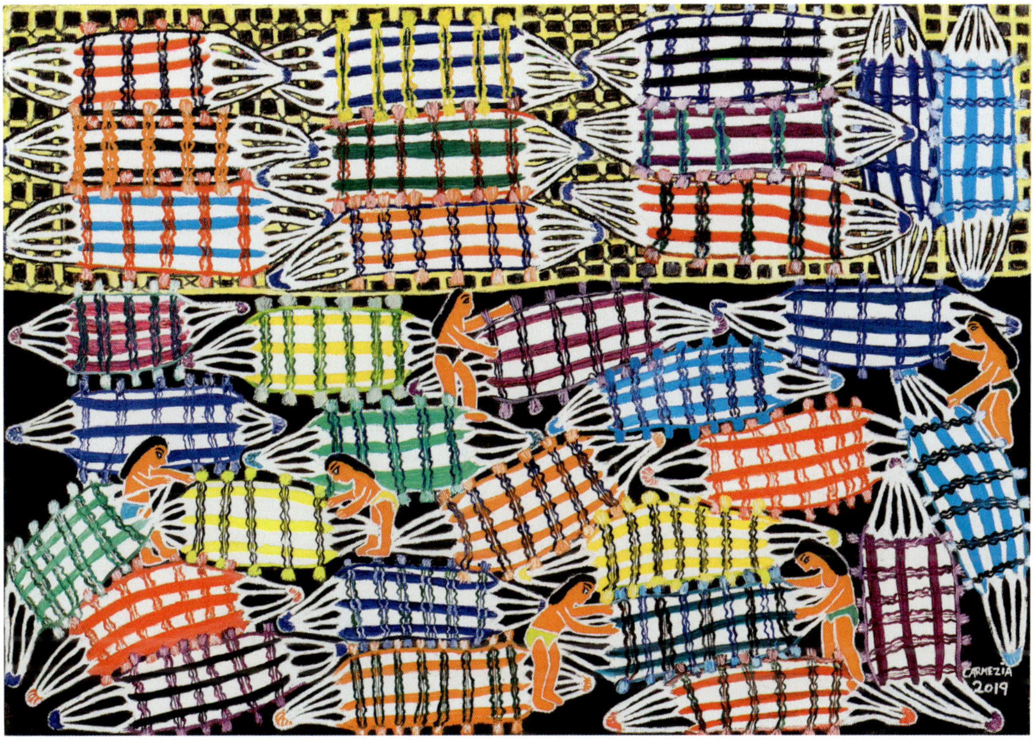

65.

Fazendo redes
[Making Hammocks], 2019
Óleo sobre tela [Oil on canvas], 50 × 70 cm
Pinacoteca do Estado de São Paulo, doação [gift], Patronos da Arte Contemporânea da Pinacoteca do Estado de São Paulo, Associação Pinacoteca Arte e Cultura, 2021, Brasil

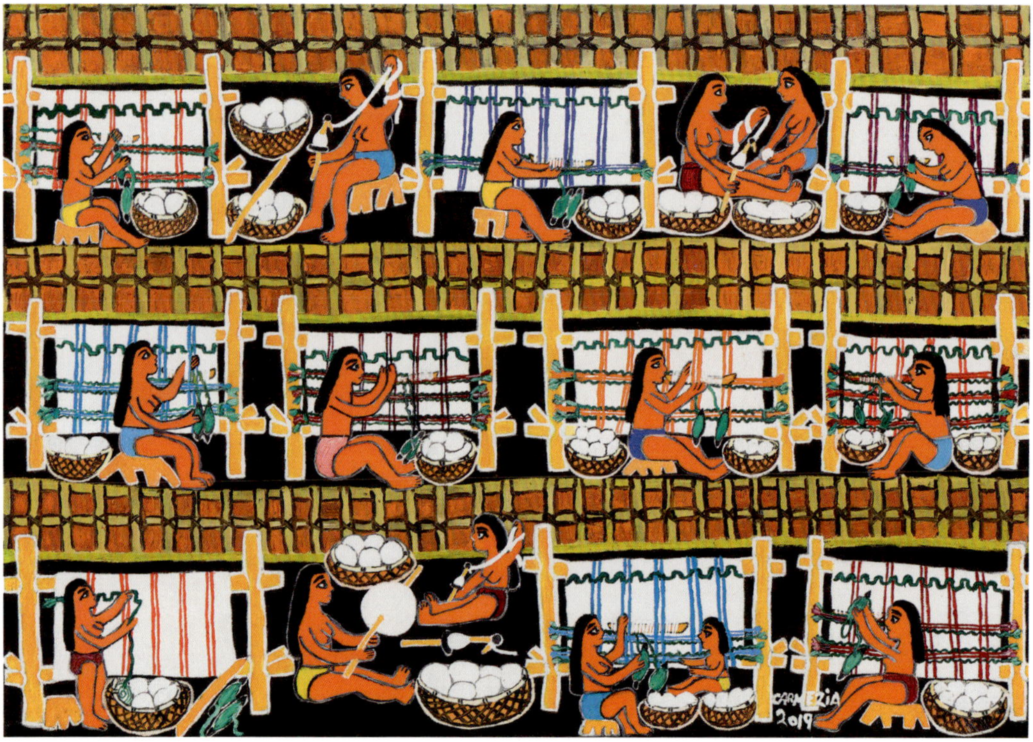

66.

Festival de panela de barro
[Clay Pot Festival], 2019
Óleo sobre tela
[Oil on canvas], 60 × 60 cm
Coleção Augusto Luitgards,
Brasília, Brasil

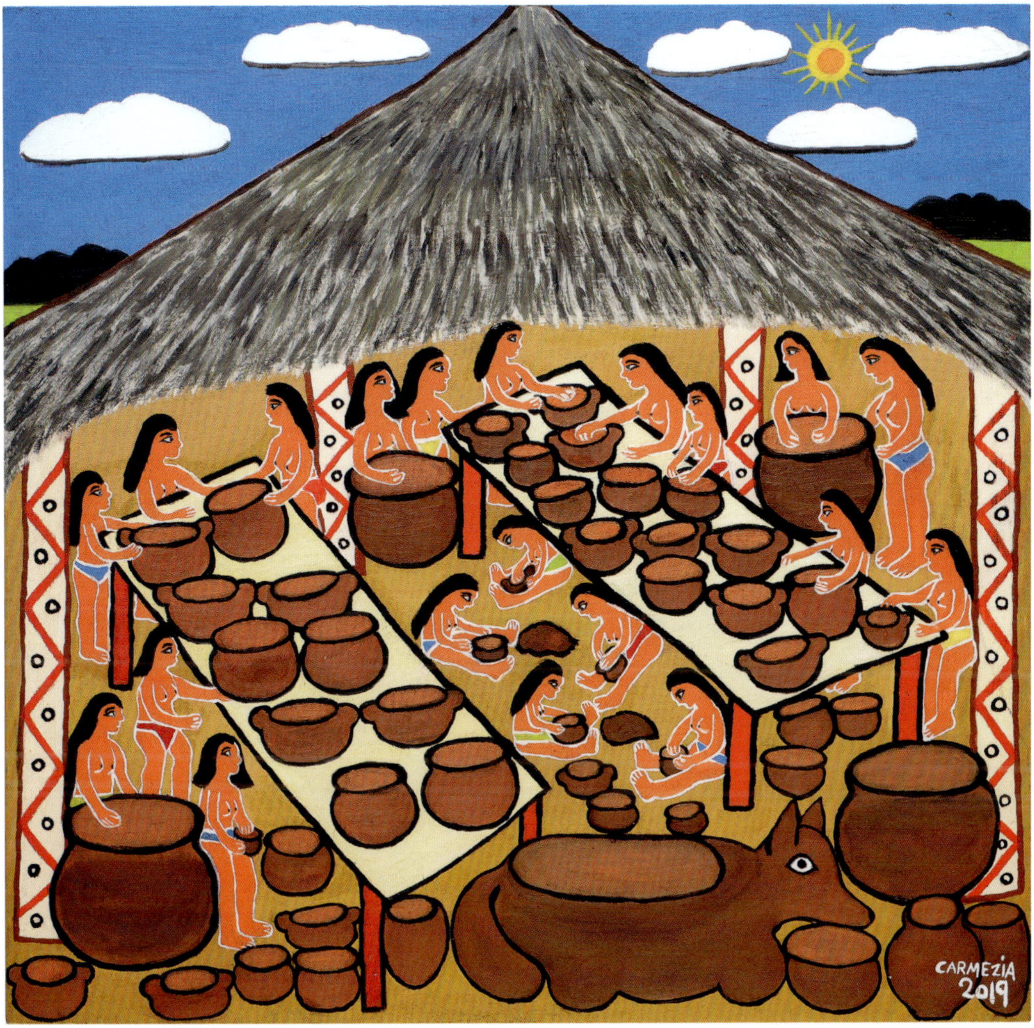

67.

Sem título
[Untitled], 2016
Óleo sobre tela
[Oil on canvas], 22 × 16 cm
Coleção [Collection] Raphael
Fonseca, Rio de Janeiro, Brasil

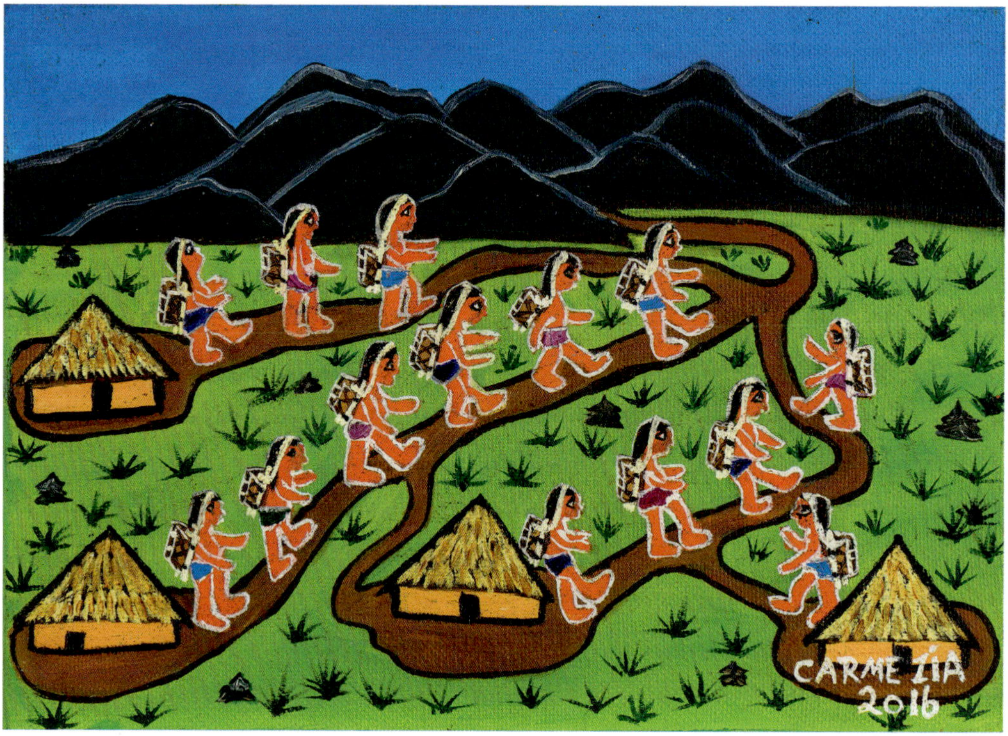

68.

Fiando
[Weaving], 2015
Óleo sobre tela
[Oil on canvas], 50 × 60 cm
Coleção da artista
[Collection of the artist],
Boa Vista, Brasil

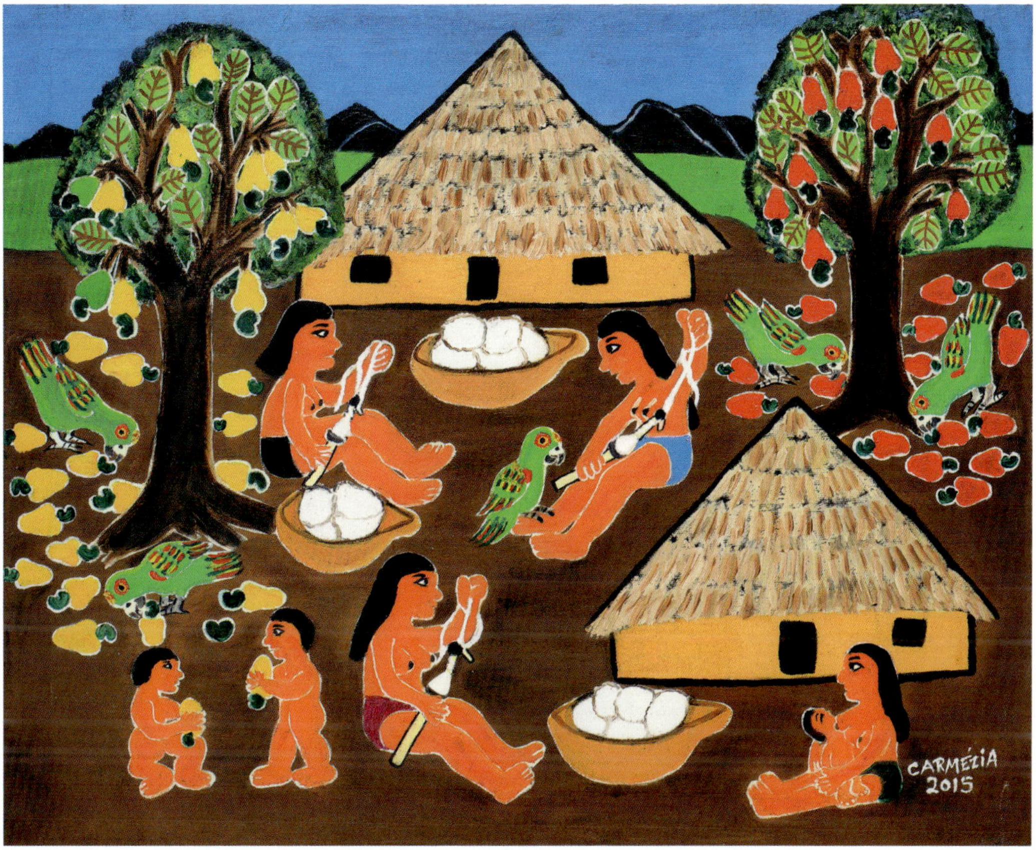

69.

Fazendo redes
[Making Hammocks], 2018
Óleo sobre tela
[Oil on canvas], 74 × 106 cm
Coleção da artista [Collection of the artist],
Boa Vista, Brasil

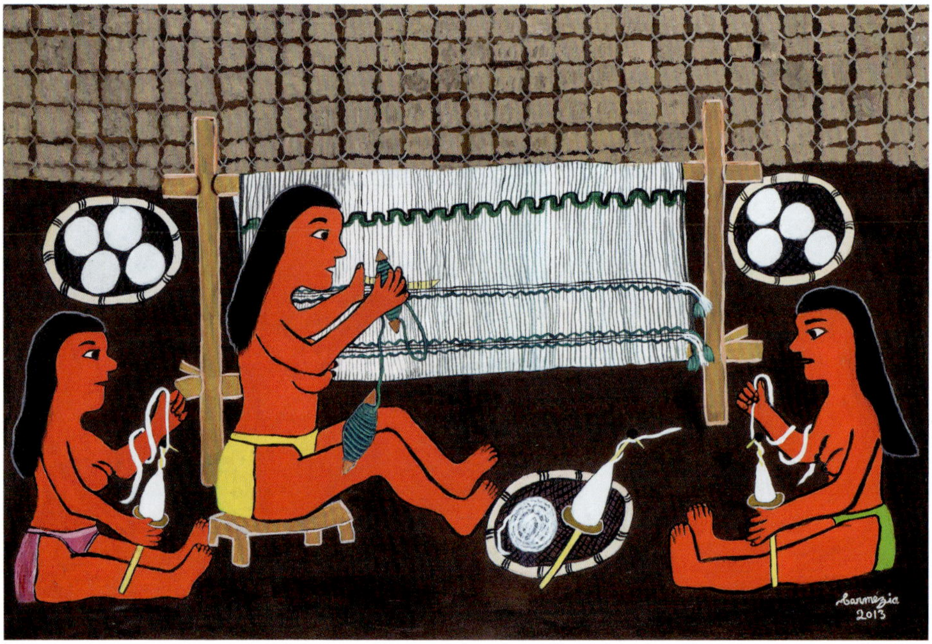

70.

Caxiri na cuia
[Caxiri in the Cuia], 2001
Óleo sobre tela
[Oil on canvas], 50 × 80 cm
Coleção da artista [Collection of the artist],
Boa Vista, Brasil

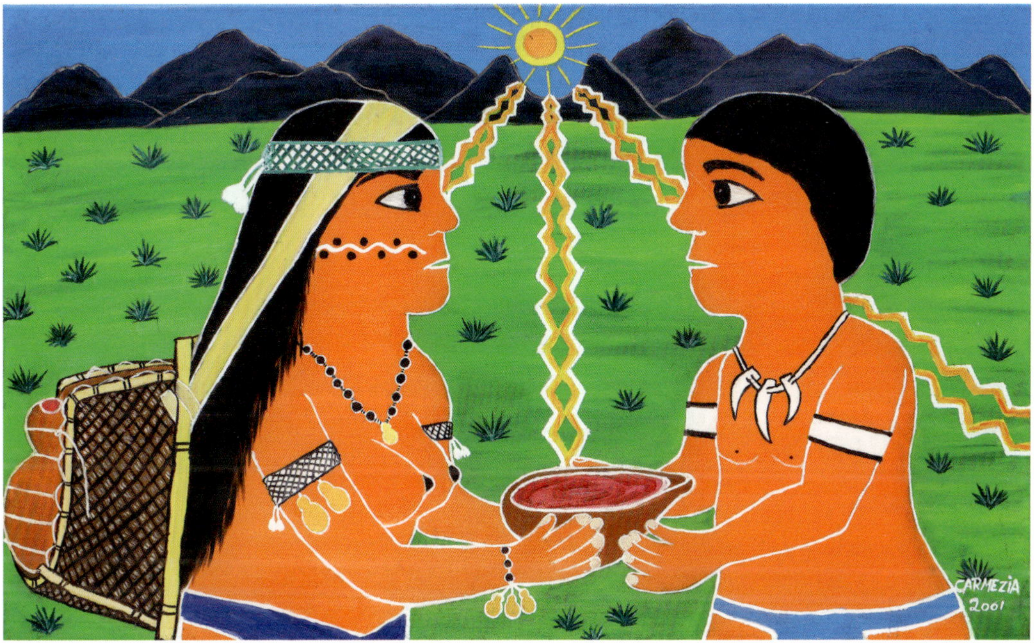

71.

Damurida, 2020
Óleo sobre tela
[Oil on canvas], 50 × 70 cm
Coleção [Collection] Augusto
Luitgards, Brasília, Brasil

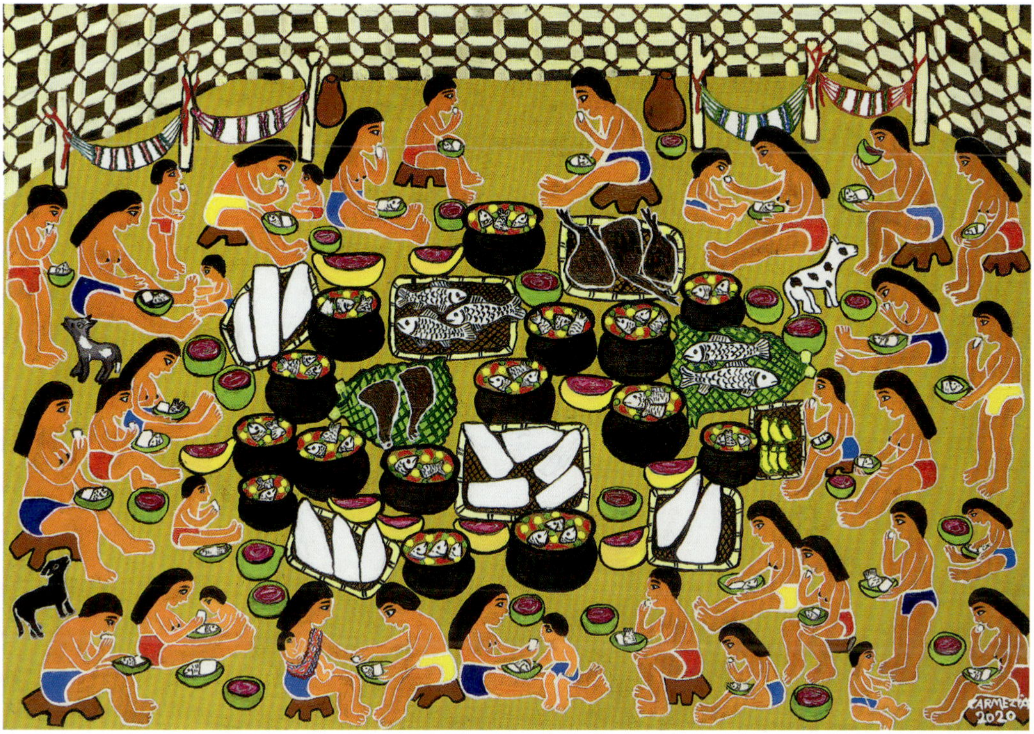
CARMEZIA
2020

72.

Artesanato
[Craftsmanship], 2017
Óleo sobre tela
[Oil on canvas], 50 × 50 cm
Coleção da artista [Collection of the artist],
Boa Vista, Brasil

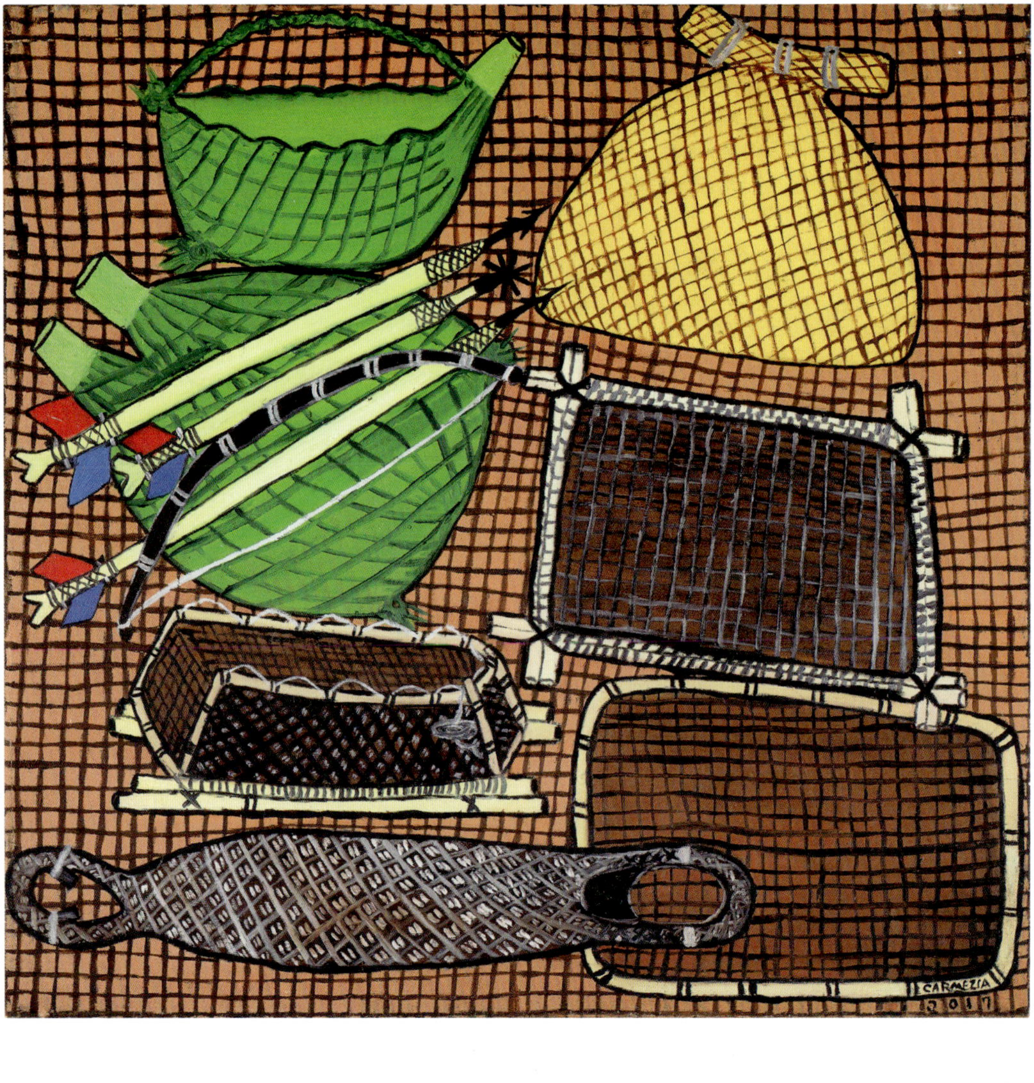

73.

Damurida, 2013
Óleo sobre tela
[Oil on canvas], 70 × 100 cm
Coleção da artista [Collection of the artist],
Boa Vista, Brasil

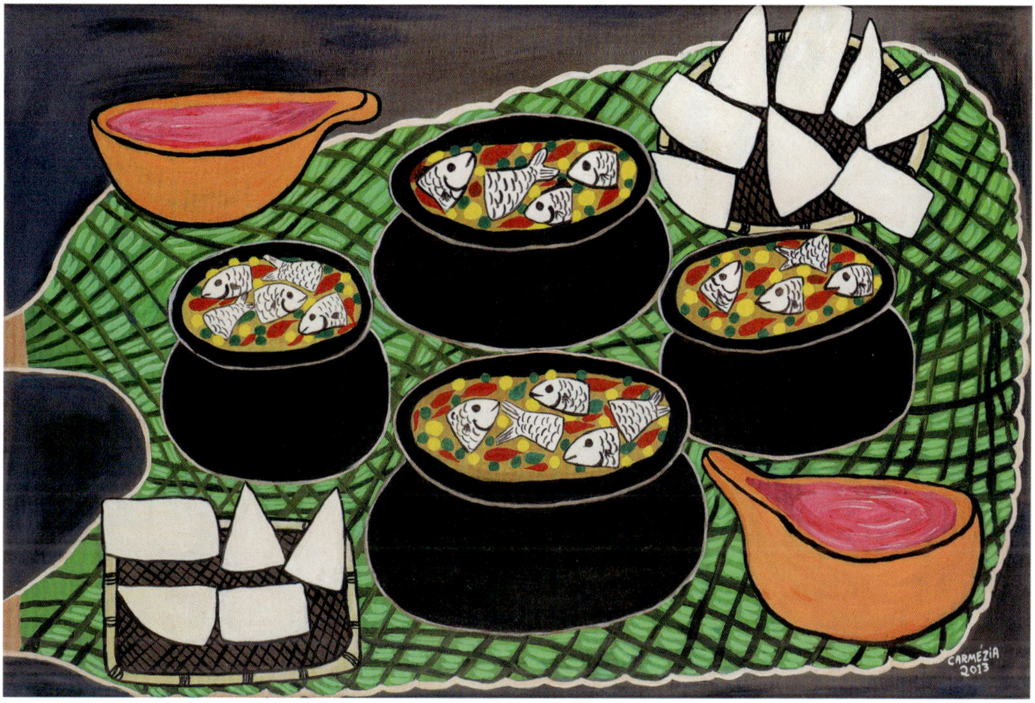

74.

Vindo da cachoeira
[Coming from the Waterfall], 2013
Óleo sobre tela [Oil on canvas], 45 × 60 cm
Coleção da artista [Collection of the artist],
Boa Vista, Brasil

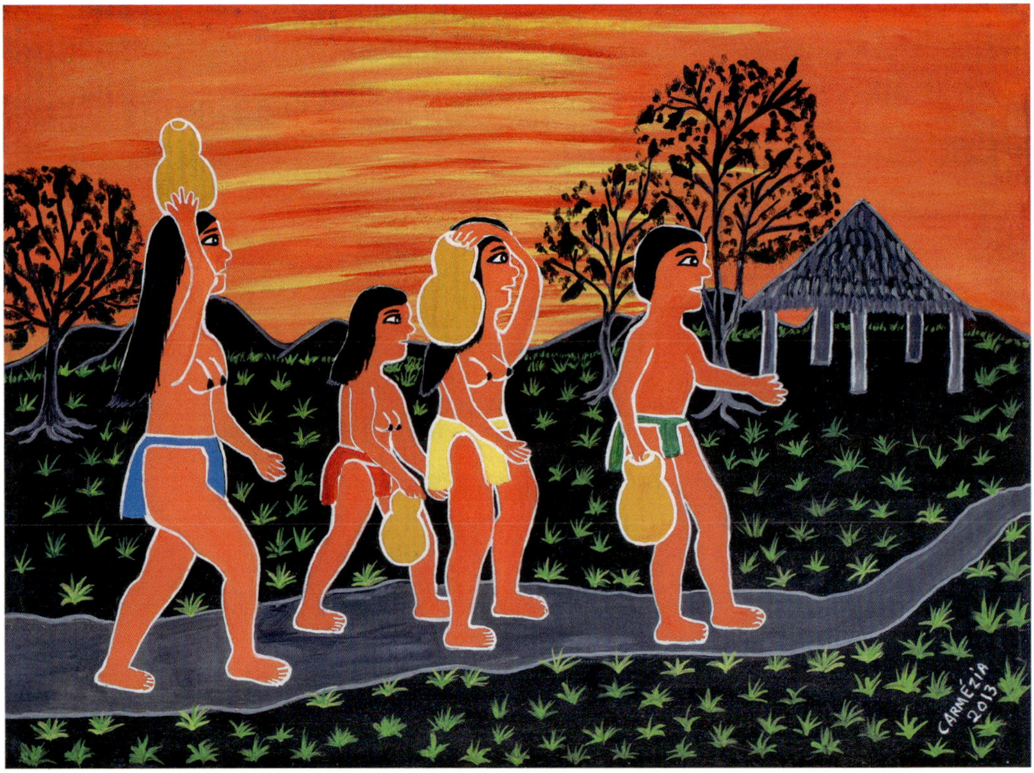

75.

Sem título
[Untitled], 2012
Óleo sobre tela [Oil on canvas], 50 × 50 cm
Coleção da artista [Collection of the artist],
Boa Vista, Brasil

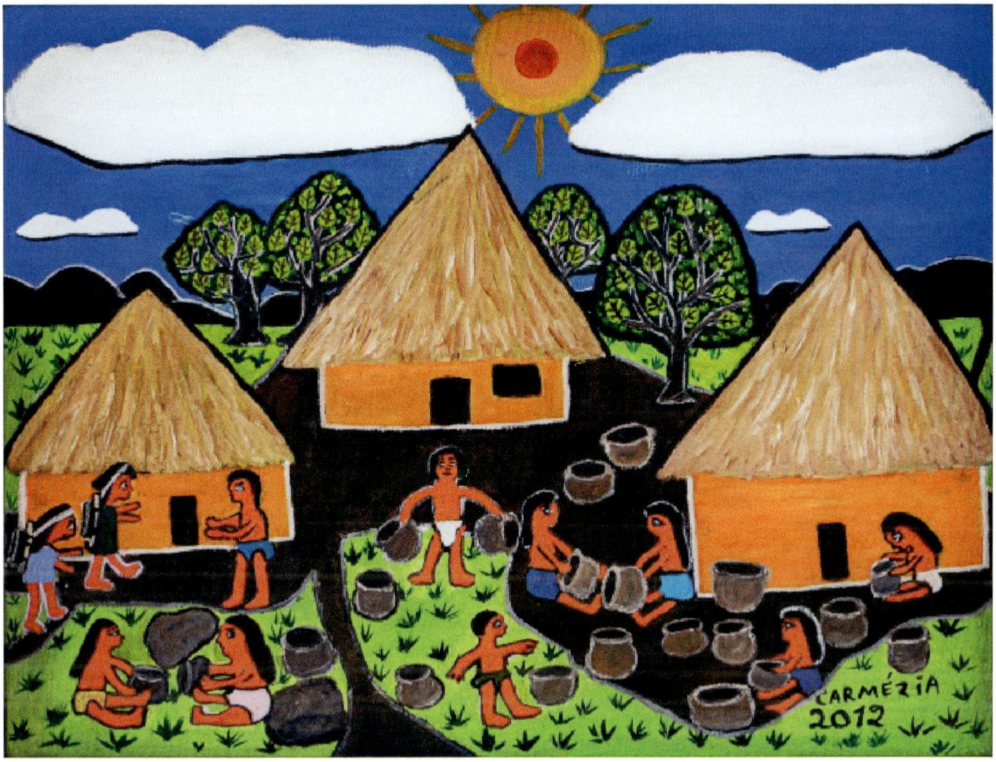

76.

Vindo do igarapé
[Coming from the River], 2008
Óleo sobre tela [Oil on canvas], 40 × 50 cm
Coleção da artista
[Collection of the artist],
Boa Vista, Brasil

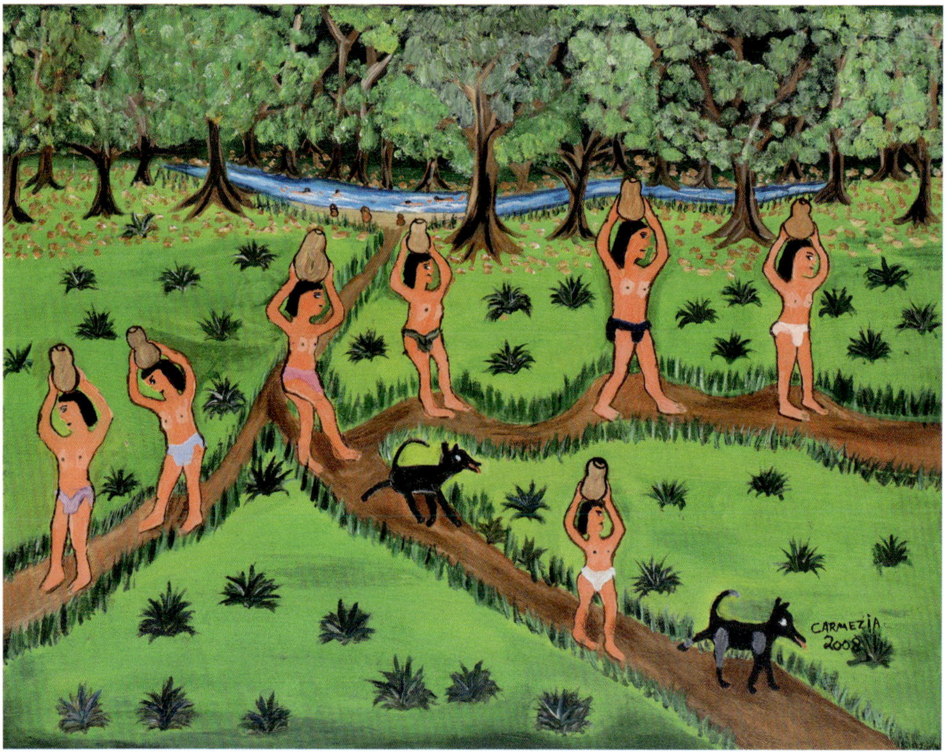

77.

Timbó, 2009
Óleo sobre tela
[Oil on canvas], 60 × 80 cm
Coleção [Collection] Augusto
Luitgards, Brasília, Brasil

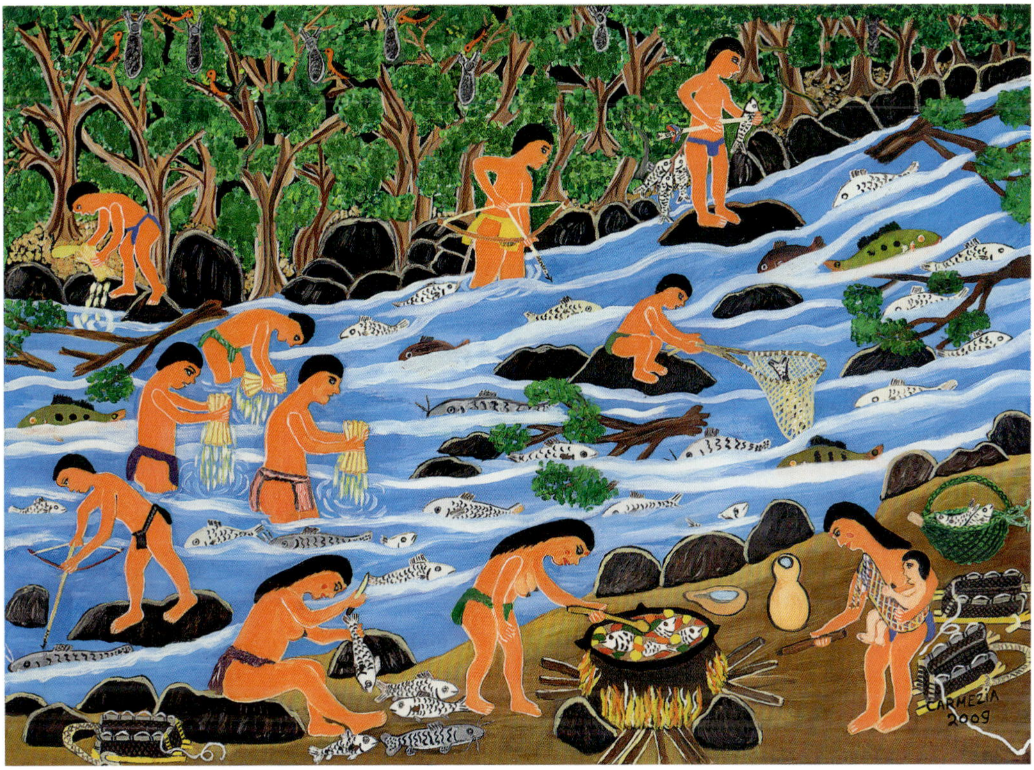

78.

Bebê na tipóia
[Baby in a Sling], 2004
Óleo sobre tela [Oil on canvas], 70 × 50 cm
Coleção da artista [Collection of the artist],
Boa Vista, Brasil

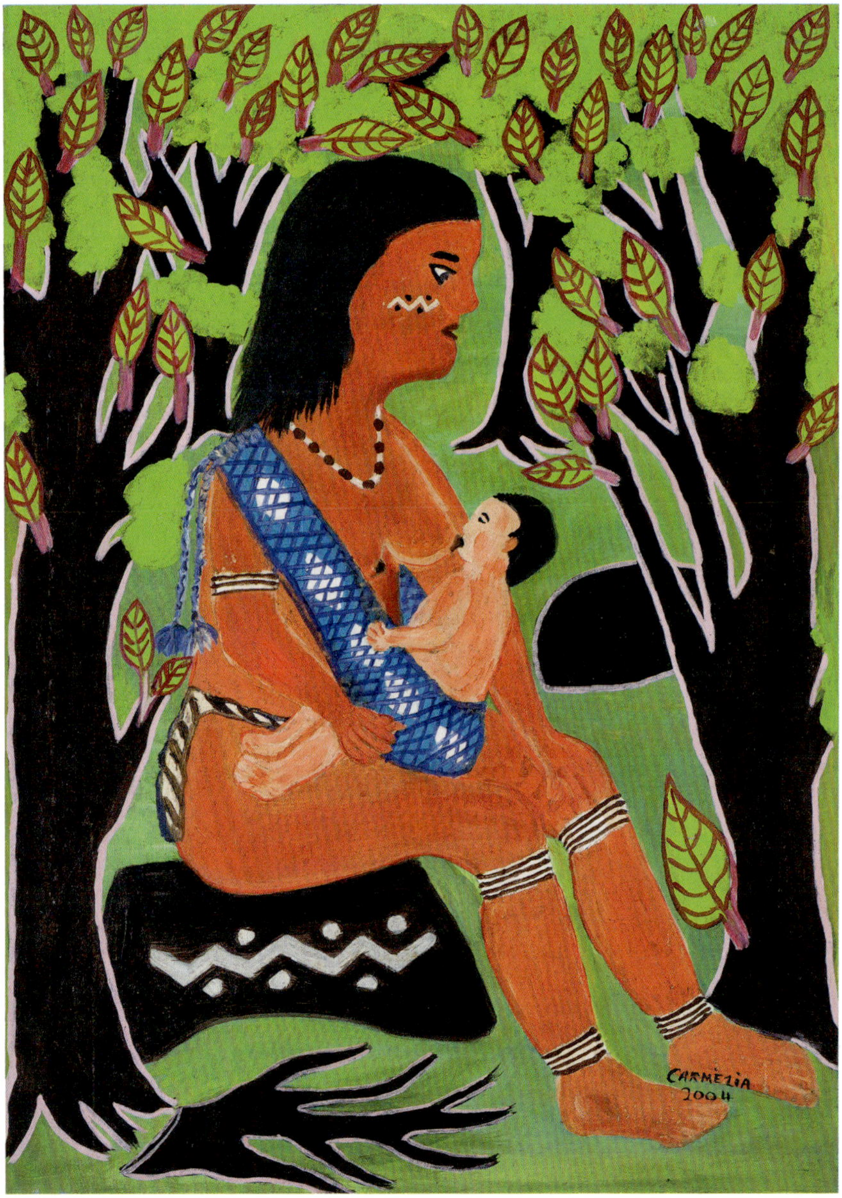

79.

Pescador
[Fisherman], 2005
Óleo sobre tela [Oil on canvas], 50 × 50 cm
Coleção da artista [Collection of the artist],
Boa Vista, Brasil

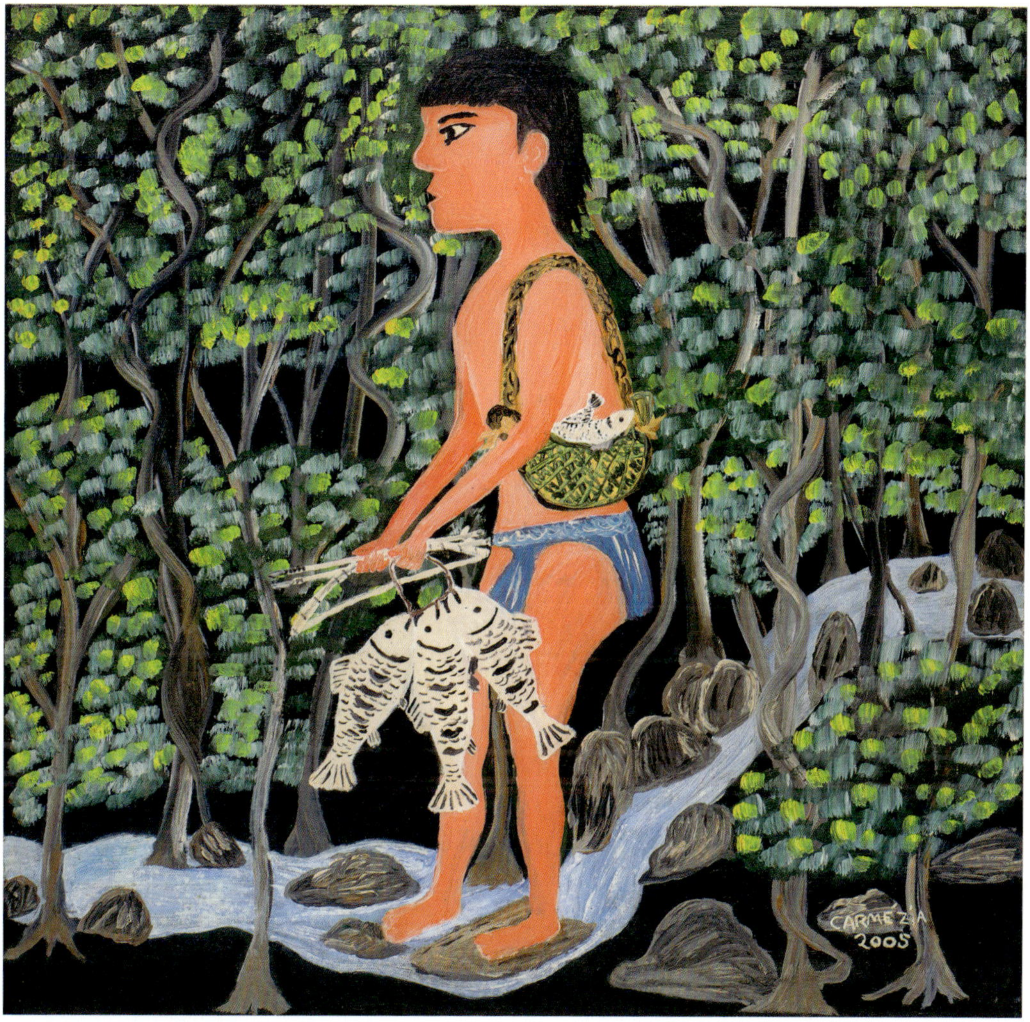

80.

Pescaria
[Fishing], 2022
Óleo sobre tela [Oil on canvas], 60 × 70 cm
Cortesia [Courtesy] Central
Galeria, São Paulo, Brasil

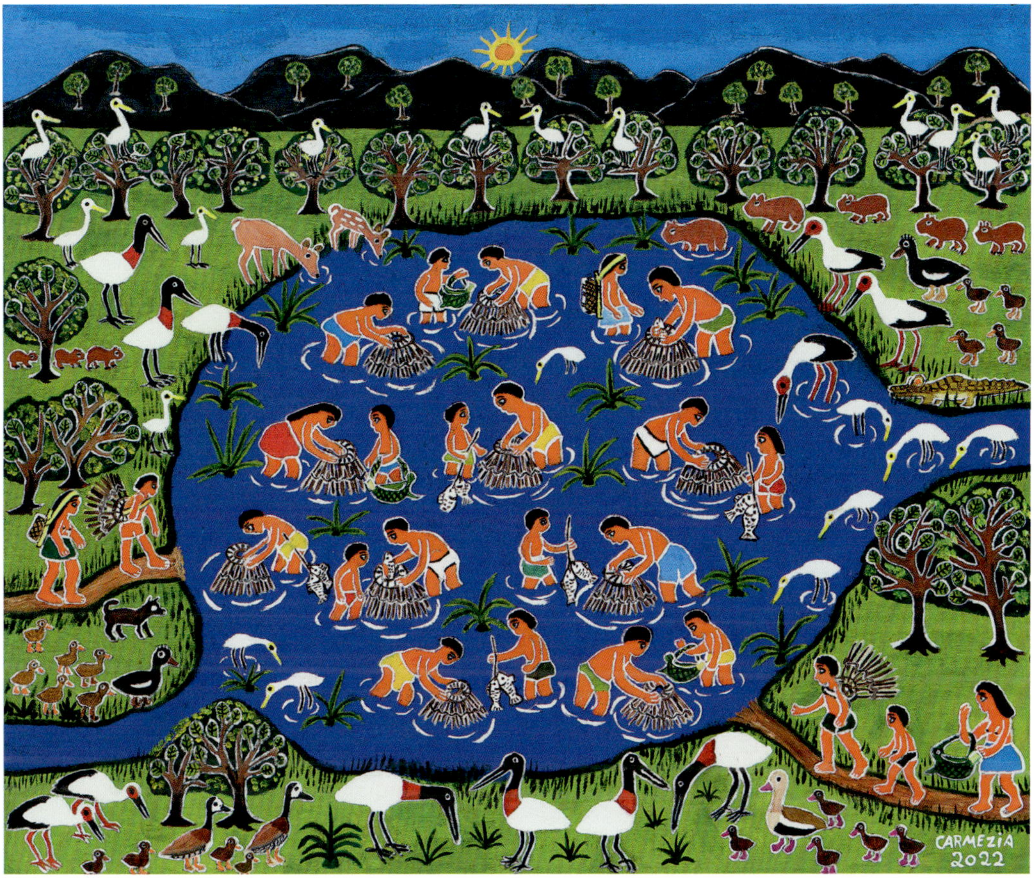
CARMEZIA
2022

81.

Moqueando peixe
[Searing Fish], 2020
Óleo sobre tela
[Oil on canvas], 60 × 60 cm
Coleção particular
[Private collection], São Paulo, Brasil

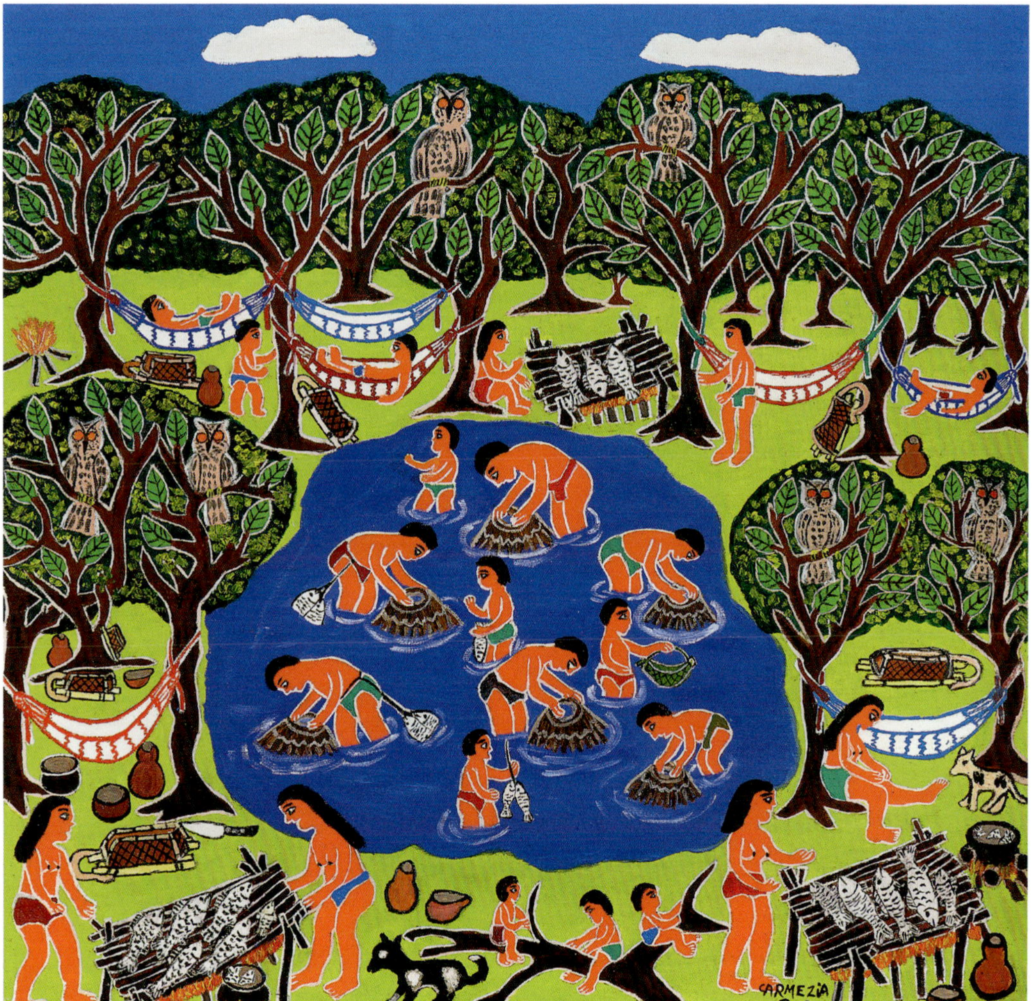

82.

Lenda do Caracaranã
[Caracaranã Legend], 2016
Óleo sobre tela
[Oil on canvas], 80 × 80 cm
Coleção [Collection] Augusto
Luitgards, Brasilia, Brasil

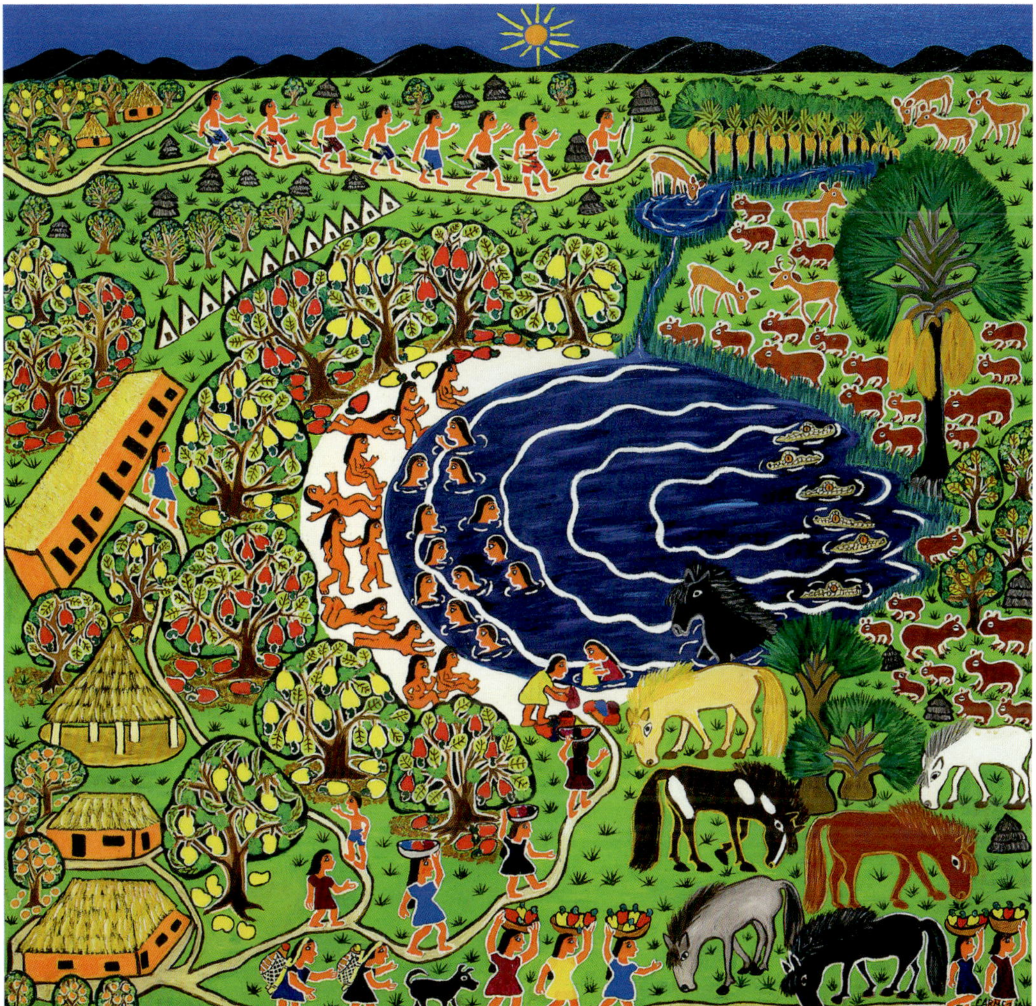

83.

Lagoa de Tubará
[Tubará's Pond], 2012
Óleo sobre tela [Oil on canvas], 50 × 50 cm
Coleção da artista [Collection of the artist],
Boa Vista, Brasil

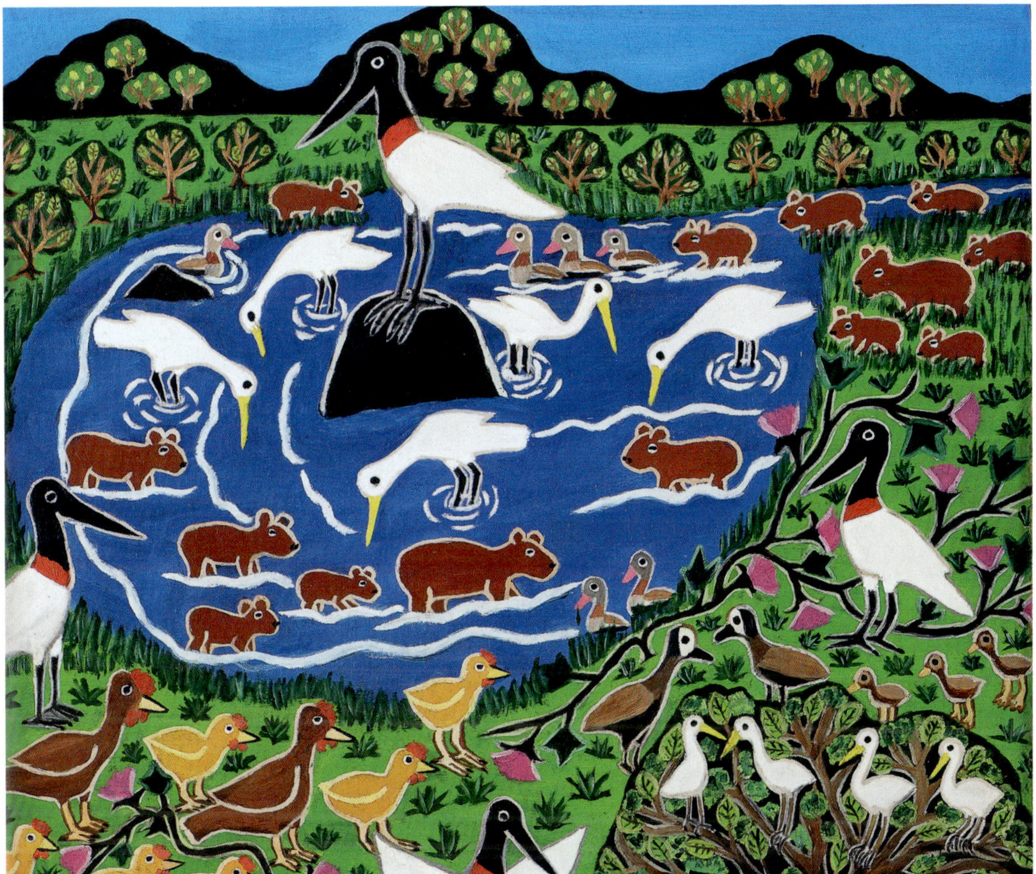

84.

As sereias
[The Mermaids], 2011
Óleo sobre tela
[Oil on canvas], 50 × 70 cm
Coleção particular [Private collection],
São Paulo, Brasil

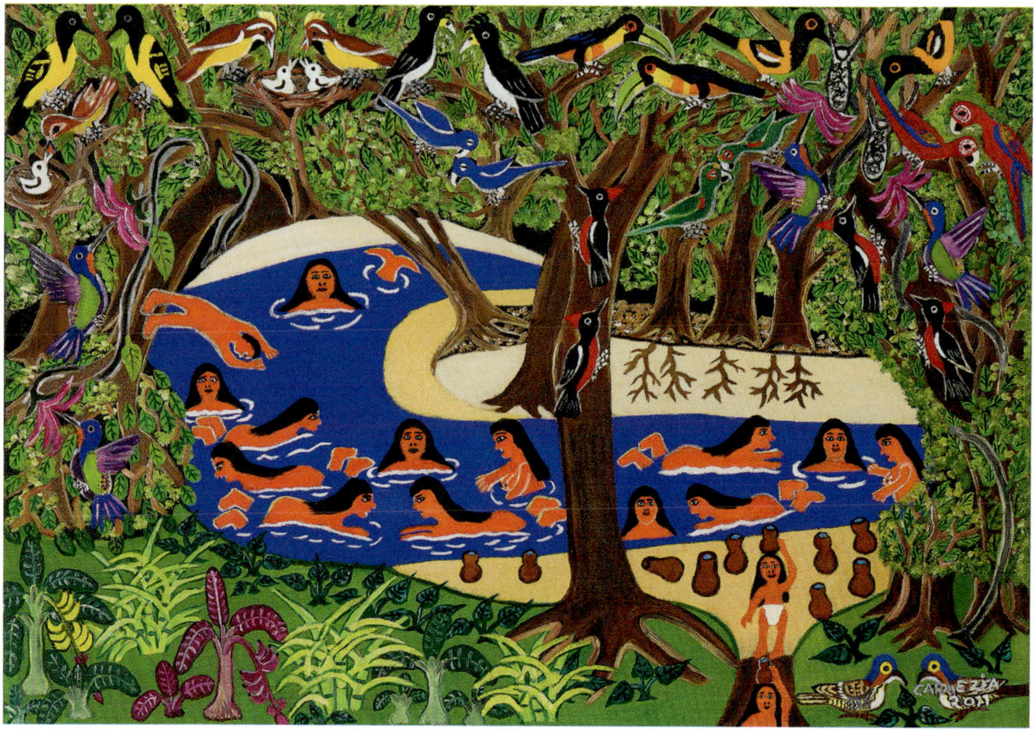

85.

Sem título [Untitled], 2009
Óleo sobre tela
[Oil on canvas], 60 × 80 cm
Coleção da artista
[Collection of the artist],
Boa Vista, Brasil

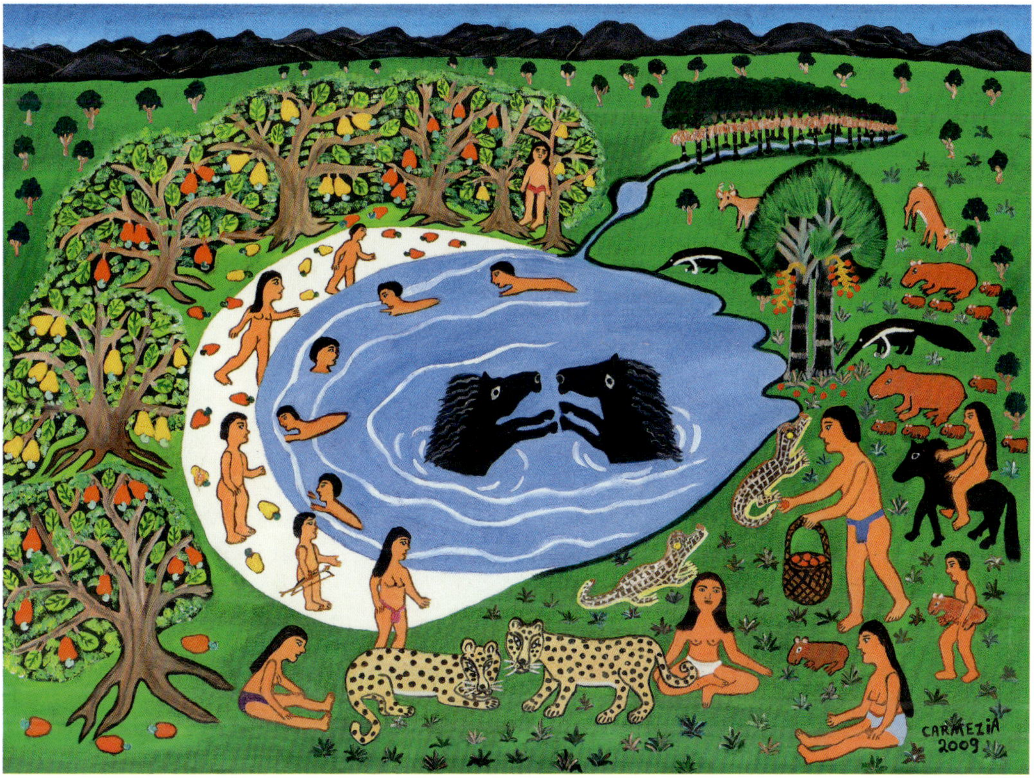

86.

25 anos fazendo arte
[25 Years Making Art], 2017
Óleo sobre tela [Oil on canvas], 120 × 80 cm
Coleção [Collection] Augusto
Luitgards, Brasília, Brasil

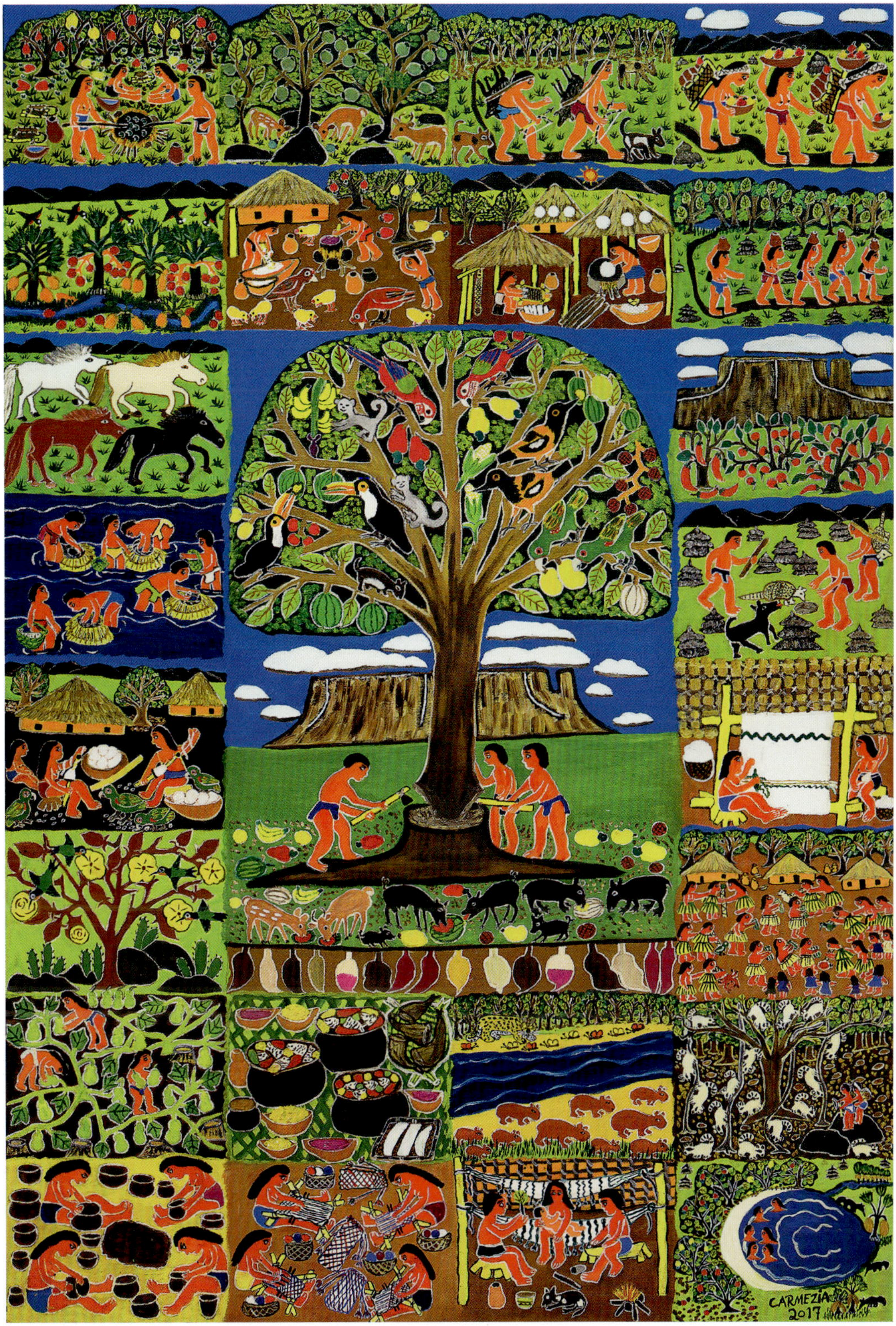
CARMEZIA
2017

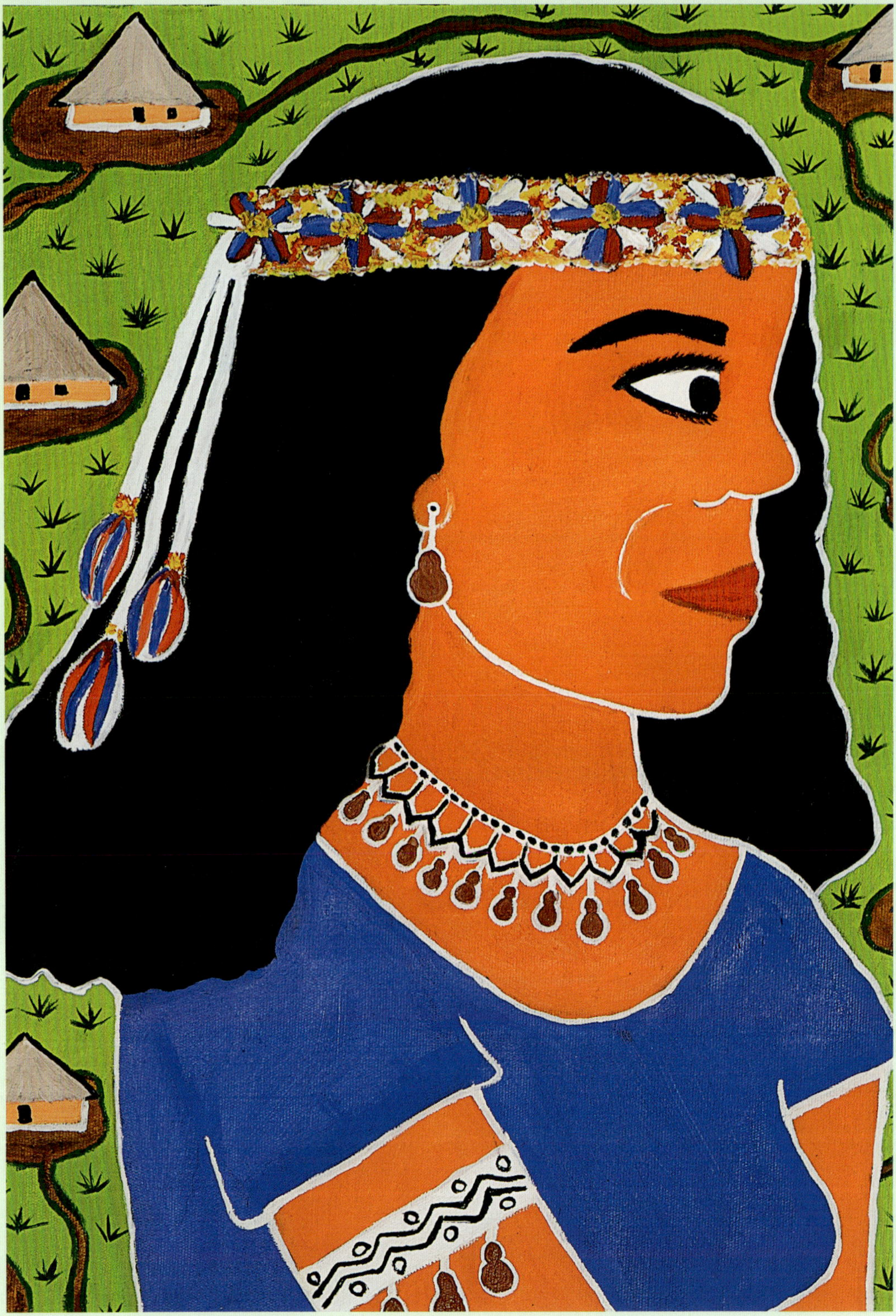

87.

Eu [I], 2022
(detalhe [detail])
img. 44

Lista de trabalhos na exposição [Exhibition Checklist]

Caxiri na cuia
[Caxiri in the Cuia], 2001
Óleo sobre tela
[Oil on canvas], 50 × 80 cm
Coleção da artista [Collection of the artist], Boa Vista, Brasil
Imagem [Image] 70

Parixara e tacuí
[Parixara and Tacuí], 2008
Óleo sobre tela
[Oil on canvas], 50 × 70 cm
Coleção [Collection]
Juliana Siqueira de Sá e [and] Manu Ferraz, São Paulo, Brasil
Imagem [Image] 56

Lenda do Caracaranã
[Caracaranã Legend], 2009
Óleo sobre tela
[Oil on canvas], 60 × 80 cm
Coleção da artista [Collection of the artist], Boa Vista, Brasil

Timbó, 2009
Óleo sobre tela
[Oil on canvas], 60 × 80 cm
Coleção [Collection] Augusto Luitgards, Brasília, Brasil
Imagem [Image] 77

Pimenta é ouro
[Pepper is Gold], 2010
Óleo sobre tela
[Oil on canvas], 60 × 80 cm
Coleção [Collection]
Juliana Siqueira de Sá e [and] Manu Ferraz, São Paulo, Brasil
Imagem [Image] 46

As sereias
[The Mermaids], 2011
Óleo sobre tela
[Oil on canvas], 50 × 70 cm
Coleção particular [Private collection], São Paulo, Brasil
Imagem [Image] 84

Dança do beija-flor
[Hummingbird Dance], 2011,
Óleo sobre tela
[Oil on canvas], 50 × 70 cm
Cortesia [Courtesy] Central Galeria, São Paulo, Brasil
Imagem [Image] 54

Corrida da massa
[Collective Run], 2012
Óleo sobre tela
[Oil on canvas], 30 × 120 cm
Coleção [Collection] Augusto Luitgards, Brasília, Brasil
Imagem [Image] 52

Passarada
[Flock of Birds], 2012
Óleo sobre tela
[Oil on canvas], 70 × 70 cm
Coleção [Collection] Augusto Luitgards, Brasília, Brasil
Imagem [Image] 43

Damurida, 2013
Óleo sobre tela
[Oil on canvas], 75 × 119 cm
Coleção da artista [Collection of the artist], Boa Vista, Brasil
Imagem [Image] 73

Sem título
[Untitled], 2013
Óleo sobre tela [Oil on canvas]
Coleção da artista [Collection of the artist], Boa Vista, Brasil

Quatis
[Coatis], 2014
Óleo sobre tela
[Oil on canvas], 80 × 80 cm
Coleção [Collection] Augusto Luitgards, Brasília, Brasil
Imagem [Image] 39

Desfiando algodão
[Spinning Cotton], 2015
Óleo sobre tela
[Oil on canvas], 44 × 54 cm
Coleção da artista [Collection of the artist], Boa Vista, Brasil

Araras
[Macaws], 2018
Óleo sobre tela
[Oil on canvas], 50 × 50 cm
Coleção [Collection] Augusto Luitgards, Brasília, Brasil
Imagem [Image] 34

Coruja
[Owl], 2018
Óleo sobre tela
[Oil on canvas], 50 × 50 cm
Coleção da artista [Collection of the artist], Boa Vista, Brasil
Imagem [Image] 36

Sem título
[Untitled], 2018
Óleo sobre tela
[Oil on canvas], 60 × 60 cm
Coleção da artista [Collection of the artist], Boa Vista, Brasil

Contando histórias
[Telling Stories], 2019
Óleo sobre tela
[Oil on canvas], 50 × 70 cm
Coleção [Collection] Augusto Luitgards, Brasília, Brasil
Imagem [Image] 63

Fazendo redes
[Making Hammocks], 2019
Óleo sobre tela
[Oil on canvas], 50 × 70 cm
Pinacoteca do Estado de São Paulo, doação [gift], Patronos da Arte Contemporânea da Pinacoteca do Estado de São Paulo, 2021, Associação Pinacoteca Arte e Cultura, 2021, Brasil
Imagem [Image] 65

Festival de panela de barro
[Clay Pot Festival], 2019
Óleo sobre tela
[Oil on canvas], 60 × 60 cm
Coleção [Collection] Augusto Luitgards, Brasília, Brasil
Imagem [Image] 66

Redes
[Hammocks], 2019
Óleo sobre tela
[Oil on canvas], 50 × 70 cm
Pinacoteca do Estado de São Paulo, doação [gift], Patronos da Arte Contemporânea da Pinacoteca do Estado de São Paulo, Associação Pinacoteca Arte e Cultura, 2021, Brasil
Imagem [Image] 64

Aprendendo
[Learning], 2020
Óleo sobre tela
[Oil on canvas], 60 × 70 cm
Museu de Arte de São Paulo Assis Chateaubriand, doação da artista [gift of the artist], 2021, MASP.11160
Imagem [Image] 61

As malocas
[The Malocas], 2020
Óleo sobre tela
[Oil on canvas], 60 × 60 cm
Coleção da artista [Collection of the artist], Boa Vista, Brasil

Dia do índio
[Indian Day], 2020
Óleo sobre tela
[Oil on canvas], 50 × 70 cm
Coleção [Collection] Augusto Luitgards, Brasília, Brasil
Imagem [Image] 51

Forró na maloca
[Forró in the Maloca], 2020
Óleo sobre tela
[Oil on canvas], 60 × 60 cm
Coleção [Collection] Augusto Luitgards, Brasília, Brasil
Imagem [Image] 50

Moqueando peixe
[Searing Fish], 2020
Óleo sobre tela
[Oil on canvas], 60 × 60 cm
Coleção particular [Private collection], São Paulo, Brasil
Imagem [Image] 81

Parixara, 2020
Óleo sobre tela
[Oil on canvas], 60 × 60 cm
Museu de Arte de São Paulo Assis Chateaubriand, doação anônima [anonymous gift], no contexto da exposição *Histórias da dança* [in the context of the *Histories of Dance* exhibition], 2020, MASP.11049
Imagem [Image] 47

A Mata Geral
[The General Forest], 2022
Óleo sobre tela
[Oil on canvas], 60 × 60 cm
Cortesia [Courtesy] Central Galeria, São Paulo, Brasil, Boa Vista, Brasil
Imagem [Image] 33

As índias preparando pajuaru
[Indian Women Preparing Pajuaru], 2022
Óleo sobre tela
[Oil on canvas], 60 × 70 cm
Coleção da artista [Collection of the artist], Boa Vista, Brasil
Imagem [Image] 58

Colhendo caju
[Picking Cashews], 2022
Óleo sobre tela
[Oil on canvas], 70 × 60 cm
Cortesia [Courtesy] Central Galeria, São Paulo, Brasil
Imagem [Image] 31

Dança do beija-flor
[Hummingbird Dance], 2022
Óleo sobre tela
[Oil on canvas], 60 × 60 cm
Cortesia [Courtesy] Central Galeria, São Paulo, Brasil
Imagem [Image] 49

Eu [I], 2022
Óleo sobre tela
[Oil on canvas], 70 × 60 cm
Museu de Arte de São Paulo Assis Chateaubriand, doação [gift], Carolina Rossetti e [and] Heitor de Araújo Martins, no contexto da exposição *Histórias brasileiras* [in the context of the *Brazilian Histories* exhibition], 2022, MASP.11404
Imagem [Image] 44

Maloca do Chuminá
[Chuminá's Maloca], 2022
Óleo sobre tela
[Oil on canvas], 60 × 70 cm
Coleção [Collection] Coleção Mônica e [and] Fábio Ulhoa Coelho, São Paulo, Brasil
Imagem [Image] 59

Maloca do Contão
[Contão's Maloca], 2022
Óleo sobre tela
[Oil on canvas], 60 × 60 cm
Museu do Sol, Penápolis, São Paulo, Brasil
Imagem [Image] 57

Maloca Maracanã
[Maracanã Maloca], 2022
Óleo sobre tela
[Oil on canvas], 60 × 70 cm
Cortesia [Courtesy] Central Galeria, São Paulo, Brasil
Imagem [Image] 30

Os caçadores
[The Hunters], 2022
Óleo sobre tela
[Oil on canvas], 60 × 70 cm
Coleção [Collection] Augusto Luitgards, Brasília, Brasil
Imagem [Image] 32

Wazaká, 2022
Óleo sobre tela
[Oil on canvas], 70 × 60 cm
Cortesia [Courtesy] Central Galeria, São Paulo, Brasil
Imagem [Image] 45

Wazaká — Árvore da Vida
[Wazaká—Tree of Life], 2022
Óleo sobre tela
[Oil on canvas], 70 × 60 cm
Museu de Arte de São Paulo Assis Chateaubriand, doação [gift], Adriano Pedrosa, em memória de [in memory of] Selma Pedrosa, 2022, MASP.11388
Imagem [Image] 29

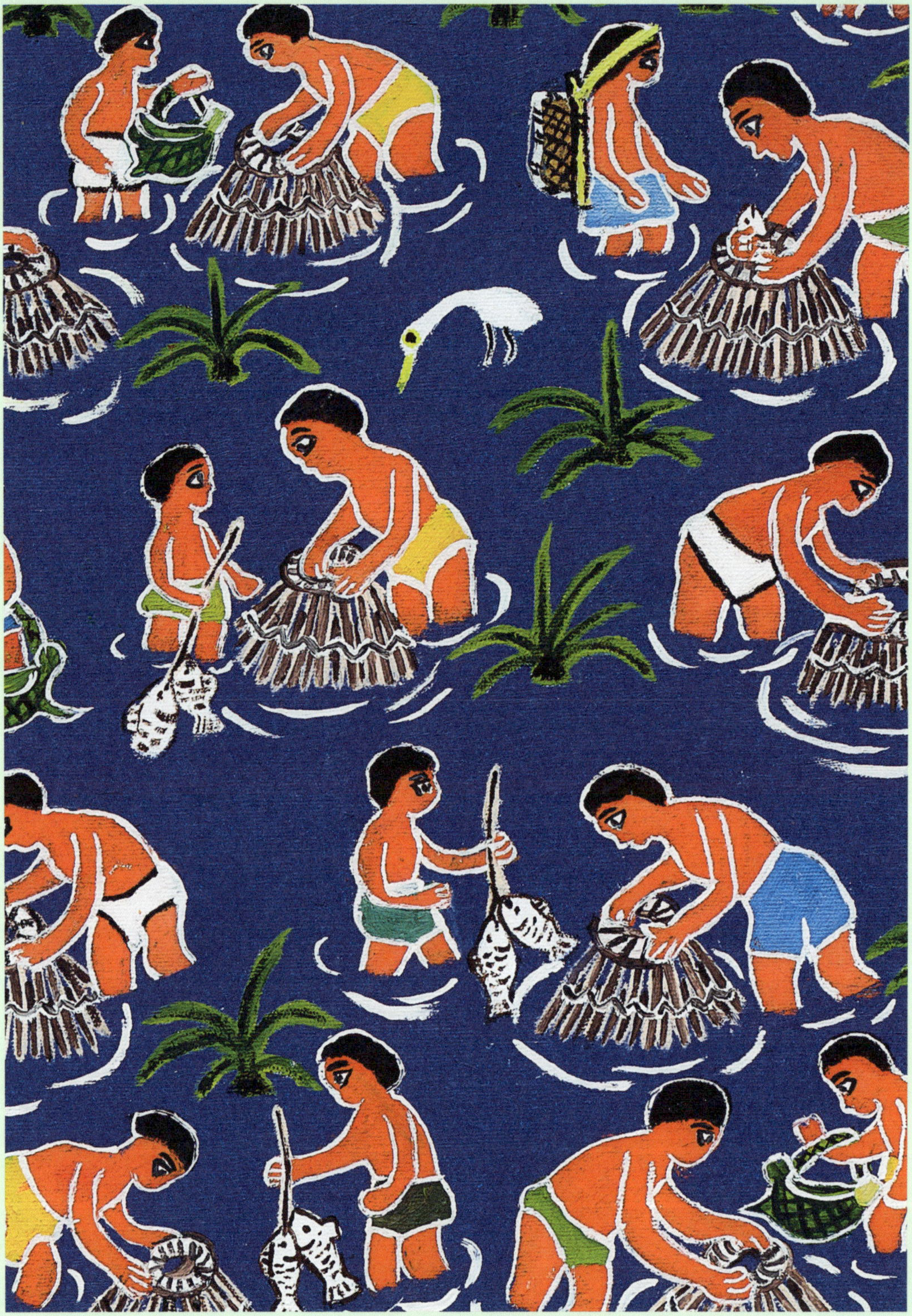

88.

Pescaria [Fishing], 2022
(detalhe [detail])
img. 80

Histórico de exposições
[Exhibition History]

Carmézia Emiliano
(Maloca do Japó, Normandia, Roraima, Brasil, 1960, vive em [lives in] Boa Vista, Brasil)

Exposições individuais
[Solo Exhibitions]

1996

Lendas, costumes e histórias do povo Macuxi. Sesc Roraima, Boa Vista, Brasil

2001

Carmézia Emiliano. Fundação Pró-Roraima, Boa Vista, Brasil

2006

Carmézia Emiliano. Palácio do Planalto, Brasília, Brasil

Parixara. Memorial dos Povos Indígenas, Brasília, Brasil

2013

"Maloca querida". Galeria de Arte do Centro de Turismo Ecológico Refazenda, Boa Vista, Brasil

Carmézia Emiliano. Assembleia Legislativa do Estado de Roraima, Boa Vista, Brasil

Carmézia Emiliano. Centro Multicultural da Orla Taumanan, Boa Vista, Brasil

2014

Carmézia Emiliano: universo macuxi. Universidade Federal de Roraima, Boa Vista, Brasil

2015

Carmézia: macuxi, mulher, mãe e artista. Pátio Roraima Shopping, Boa Vista, Brasil

2017

Com memória e com afeto. Casa Thomas Jefferson Hall, Brasília, Brasil

2019

Cosmologias — mundo makuxi. Sesc Roraima, Boa Vista, Brasil

2023

Carmézia Emiliano: a árvore da vida [The Tree of Life]. Museu de Arte de São Paulo Assis Chateaubriand (MASP), Brasil

Exposições coletivas
[Group Exhibitions]

1996

1º Salão de Artes Visuais. Sesc Roraima, Boa Vista, Brasil

1998

Arte Roraima. Shopping Boa Vista e [and] Sesc Roraima, Boa Vista, Brasil

1999

Homenagem ao dia do pintor e do artista plástico. Secretaria de Educação, Cultura e Desportos do Estado de Roraima, Boa Vista, Brasil

2003

Paiol da Cultura. Manaus, Brasil

2006

8ª Bienal Naïfs do Brasil. Sesc Piracicaba, São Paulo, Brasil

Festa no interior. CasaPark de Design e Decoração, Brasília, Brasil

Alma Brasileira: uma mostra em homenagem ao talento muito peculiar dos artistas naïfs. Shopping CasaPark, Brasília, Brasil

Naïf — acervo Ligia Simonian. Centro Cultural Brasil-Estados Unidos, Belém, Brasil

2007

Arte Sesc. Sesc Roraima, Boa Vista, Brasil

Arte feminina, substantiva e plural. Shopping CasaPark, Brasília, Brasil

Descobrindo o Brasil Naïf. Conjunto Cultural da Caixa Econômica Federal, Brasília, Brasil

2008

9ª Bienal Naïfs do Brasil. Sesc Piracicaba, São Paulo, Brasil

Artistas brasileiros — 2008. Senado Federal, Brasília, Brasil

2010

Cores da terra: um olhar sobre a arte naïf brasileira. Galeria do Centro Cultural da Casa Thomas Jefferson, Boa Vista, Brasil

10ª Bienal Naïfs do Brasil. Sesc Piracicaba, São Paulo, Brasil

2012

Índios. Casa do Neuber, Boa Vista, Brasil

11ª Bienal Naïfs do Brasil. Sesc Piracicaba, São Paulo, Brasil

2013

1º Encontro de Todos os Povos. Centro Cultural União Operária, Universidade Federal de Roraima, Boa Vista, Brasil

Cattle in the Amazon: Despised Invaders to Prized Possessions. Pitzer College, Claremont, Califórnia, Estados Unidos [United States]

2014

12ª Bienal Naïfs do Brasil. Sesc Piracicaba, São Paulo, Brasil

Meu vizinho Karaiwa. Espaço de Cultura e Arte União Operária, Universidade Federal de Roraima, Boa Vista, Brasil

2015

Conexão arte naïf: o encontro da arte naïf com a cultura popular. Museu de Arte Popular de Diadema, São Paulo, Brasil

2016

Eu vi uma história: arte e narrativa popular no acervo Sesc de arte brasileira. Sesc Santos, Sesc Taubaté, Sesc São Caetano, Sesc Itaquera, Brasil

13ª Bienal Naïfs do Brasil: todo mundo é, exceto quem não é. Sesc Piracicaba, São Paulo, Brasil

2017

Epu'tîto — artes e indígenas hoje. Galeria de Artes Franco Melchiorri, Sesc Mecejana, Boa Vista, Brasil

1ª Exposição nacional de artistas naïfs no centro-oeste. Museu de Arte de Goiânia, Brasil

Evidências — mostra itinerante da 13ª Bienal Naïfs do Brasil. Sesc Belenzinho, São Paulo, Brasil

FARGO. Vila Cultural Cora Coralina, Goiânia, Brasil

2018

14ª Bienal Naïfs do Brasil. Sesc Piracicaba, São Paulo, Brasil

2019

Naïfs do Brasil — acervo Sesc de arte brasileira. Galeria de Arte GTO, Sesc Palladium, Belo Horizonte, Brasil.

Esse nosso território naïf. Sesc Quitandinha, Petrópolis, Rio de Janeiro, Brasil

Vaivém. Centro Cultural Banco do Brasil (CCBB): São Paulo, Brasília, Rio de Janeiro, Belo Horizonte, Brasil

Estratégias do feminino. Farol Santander, Porto Alegre, Brasil

2020

Benzedeiras: tradição milenar de cura pela fé. Museu Municipal de Socorro, São Paulo, Brasil

Histórias da dança. Exposição virtual [Virtual exhibition], Museu de Arte de São Paulo Assis Chateaubriand, Brasil

15ª Bienal Naïfs: ideias para adiar o fim da arte. Sesc Piracicaba, São Paulo, Brasil

2021

Artevivências. Centro de Artes da Universidade Federal Fluminense, Niterói, Rio de Janeiro, Brasil

Para a Amazônia respirar arte. Espaço Cultural Pariká, Boa Vista, Brasil

Naïfs do Brasil. Sesc São José do Rio Preto, São Paulo, Brasil

Frestas — Trienal de Artes. Sesc Sorocaba, São Paulo, Brasil

Naïfs do Brasil. Sesc São José dos Campos, São Paulo, Brasil

Moquém_Surarî: arte indígena contemporânea. Museu de Arte Moderna de São Paulo, Brasil

Por um sopro de fúria e esperança: uma declaração de emergência climática. Museu Brasileiro de Escultura e Ecologia, São Paulo, Brasil

31º Programa de Exposições. Centro Cultural São Paulo, Brasil

2022

Alegria, uma. Central Galeria, São Paulo, Brasil

A face de todas as cores. Maria Fumaça Casa, Mogi das Cruzes, São Paulo, Brasil

Contramemória. Theatro Municipal de São Paulo, Brasil

Histórias brasileiras. MASP, Brasil

Um século de agora. Itaú Cultural, São Paulo, Brasil

A parábola do progresso. Sesc Pompeia, São Paulo, Brasil

Trabalhos em museus e instituições públicas
[Works in Public Institutions and Museums Collections]

Centro Cultural São Paulo, Brasil

Instituto Antônio Poteiro, São Paulo, Brasil

Memorial dos Povos Indígenas, Brasília, Brasil

Ministério da Educação e Cultura, Brasília, Brasil

Museu de Arte de São Paulo Assis Chateaubriand, Brasil

Museu do Sol, Penápolis, São Paulo, Brasil

Museu Internacional de Arte Naïf, Rio de Janeiro, Brasil

Pinacoteca do Estado de São Paulo, Brasil

Sesc Roraima, Brasil

Sesc São Paulo, Brasil

Bibliografia selecionada
[Selected Bibliography]

ALMEIDA, Selmar (Org.). *Carmézia Emiliano: universo macuxi (22 anos de arte naïf)*. Boa Vista: Universidade Federal de Roraima, 2014.

ANATER, Roseli. *Pintar para não esquecer: as narrativas visuais e orais de Carmézia Emiliano*. Boa Vista: Universidade Federal de Roraima, 2014.

ARAÚJO, Olívio Tavares de (Org.) [Ed.]. *Bienal Naïfs do Brasil 2008*. São Paulo: Ed. Sesc-SP, 2008.

ARDUI, Olivia; BRYAN-WILSON, Julia; PEDROSA, Adriano (Orgs.). *Histórias da dança*. São Paulo: MASP, 2020.

AVELAR, Ana Cândida; FELINTO, Renata (Orgs.). *Bienal Naïfs do Brasil 2020: ideias para adiar o fim da arte*. São Paulo: Ed. Sesc-SP, 2020.

BANIWA, Denilson. "Paaka yewan rintîkî pimiika' eeserintîto'pe: a arte damurida de Carmézia Emiliano". In: *31º Programa de Exposições do Centro Cultural São Paulo: mostra 2021*. São Paulo: Centro Cultural São Paulo, 2022, pp. 96-97.

BARBOSA, Ana Mae (Org.). *Bienal Naïfs do Brasil 2006: entre culturas*. São Paulo: Ed. Sesc-SP, 2006.

BARRA, Maria Cristina. *O que cabe na pausa: o sensível no modo de fazer conhecimento das parteiras e parteiros indígenas da região das serras na Terra Indígena Raposa Serra do Sol*. Tese de Doutorado [Doctoral Dissertation]. Universidade Federal de Minas Gerais, 2020.

BOULAY, Marinilda Bertolete (Org.). *Benzedeiras, tradição milenar de cura pela fé*. Socorro: Instituto Totem Cultural, 2020.

CAMPANELI, Juliana Okuda; RESENDE, Ricardo; QUEIROZ, Armando (Orgs.). *Bienal Naïfs do Brasil 2018: daquilo que escapa*. São Paulo: Ed. Sesc-SP, 2018.

CARVALHO, Vladimir. "Carmézia Emiliano: o rito, o mito, o circo". *Folha da Boa Vista*, 19.11.2008 [November 19, 2008].

D'AMBROSIO, Oscar. "Carmézia Emiliano: a arte de ver". *Blog do Instituto Internacional de Arte Naif*, 1.2.2019 [February 1, 2019].

DINIZ, Clarissa; LEIBOVICI, Sandra; SILVA, Roberta (Orgs.). *Bienal Naïfs do Brasil 2016: todo mundo é, exceto quem não é*. São Paulo: Ed. Sesc-SP, 2016.

ELIMACUXI, Elisangela; MORENO, Adriana (Orgs.). *Visualidades: Carmézia Emiliano*. Boa Vista: Ed. Universidade Federal de Roraima, 2015.

ESBELL, Jaider (Org.). *Móquem_Surarî: arte indígena contemporânea*. São Paulo: Museu de Arte Moderna de São Paulo, 2021.

FONSECA, Raphael (Org.). *Vaivém*. Rio de Janeiro: Centro Cultural Banco do Brasil, 2021.

GARMATZ, B. C. *Monte Roraima: a morada de Makunaima*. Curitiba: Artes & Textos, 2013.

HENRIQUE, Paloma de Melo. *"A Mãe Terra nos anima": mulheres indígenas contracolonizando a literatura e as artes visuais no Brasil*. Dissertação de Mestrado [Master's Thesis]. Universidade Federal do Rio Grande do Sul, 2019.

JORDÃO, Fabrício et al. (Orgs.). *Estratégias do feminino*. Rio de Janeiro: Oficina de Arte, 2020.

LUITGARDS, Augusto (Org.). *Com memória e com afeto: a arte naïf de Carmézia Emiliano*. Boa Vista: Casa Thomas Jefferson Hall, 2017.

________; MATA, Antônio (Orgs.). *Exposição Nacional de Artistas Naïfs no Centro-Oeste*. Goiânia: Museu de Arte de Goiânia, 2017.

MARTINS, Elisângela. "A obra de Carmézia Emiliano: das lutas indígenas e de gênero". In: MORETTO, Samira Peruchi; SILVA, Janine Gomes da; WOLFF, Cristina Scheibe (Orgs.). *Anais do XV Encontro Estadual de História da Anpuh-SC 1964-2014: memórias, testemunhos e Estado & II Colóquio Internacional Gênero, Feminismos e Ditaduras no Cone Sul*. Florianópolis: Universidade Federal de Santa Catarina, 2014.

MAZZUCCHELLI, Kiki (Org.). *Bienal Naïfs do Brasil 2012: além da vanguarda*. São Paulo: Ed. Sesc-SP, 2012.

MENEZES, Hélio; MONASTERIOS, Sylvia; PONTES, Maria Adelaide (Orgs.). *31º Programa de Exposições do Centro Cultural São Paulo*. São Paulo: Centro Cultural São Paulo, 2021.

MILLIET, Maria Alice; SANT'ANNA, Margarida (Orgs.). *Bienal Naïfs do Brasil 2010*. São Paulo: Ed. Sesc-SP, 2010.

MOURA, Diógenes (Org.). *Bienal Naïfs do Brasil 2014: o santuário refletido no espelho*. São Paulo: Ed. Sesc-SP, 2014.

RJEILLE, Isabella; PEDROSA, Adriano (Orgs.). *Histórias brasileiras*. São Paulo: MASP, 2022.

RUFINO, Eliakin. *Transcrição de entrevista com Eklain Rufino*. Boa Vista: Poeta do Mundo Verde, 2019.

SIMONIAN, Ligia T. Lopes. "Carmézia Emiliano: a tradução do inconsciente coletivo macuxi". In: ALMEIDA, Selmar (Org.). *Carmézia Emiliano: universo macuxi (22 anos de arte naïf)*. Boa Vista: Universidade Federal de Roraima, 2014.

MASP MUSEU DE ARTE DE SÃO PAULO ASSIS CHATEAUBRIAND

FRIENDS OF MASP*

Friends of MASP

Frances Reynolds
Geyze e [and] Abílio Diniz
Jana e [and] Bernardo Hees
Patricia e [and] Antonio Bonchristiano
Patrícia e [and] José Bonchristiano
Priscila e [and] Louis de Charbonnières
Renata e [and] Claudio Garcia
Rose e [and] Alfredo Setubal
The Helen Clay Frick Foundation

PATRONOS [PATRONS]

Patronos Beneméritos [Charitable Patrons]

Ana Salomone
Carlos Jereissati
Geyze e [and] Abílio Diniz
Maria Victoria e [and] Eric Hime
Rose e [and] Alfredo Setubal

Patronos Diamante [Diamond Patrons]

Cleusa Garfinkel
Nadia e [and] Olavo Egydio Setubal Jr.
Teresa Cristina Ribeiro Ralston Botelho Bracher e [and] Candido Botelho Bracher

Patronos Ouro [Gold Patrons]

Flávia e [and] José de Menezes Berenguer Neto
Frances Reynolds
Guilherme Affonso Ferreira
Henrique Meirelles
Israel Vainboim
José Orlando A. de Arrochela Lobo
Juliana Siqueira de Sá e [and] Manuelle Ferraz
Lilian Feuer Stuhlberger e [and] Luis Stuhlberger
Mara e [and] Cleiton de Castro Marques
Maria Claudia e [and] Leo Krakowiak
Marina Diniz Junqueira e [and] Fernando de Almeida Nobre Neto
Martha e [and] André De Vivo
Mônica e [and] Eduardo Vassimon
Mônica e [and] Fábio Ulhoa Coelho
Paloma e [and] Fersen Lambranho
Regina Pinho de Almeida
Ronaldo Cezar Coelho
Silvia e [and] Marcelo Barbará
Sonia e [and] Hamilton Dias de Souza
Susana e [and] Ricardo Steinbruch
Susie e [and] Guido Padovano
Sylvia Pinho de Almeida
Tania Haddad Nobre e [and] Alexandre Nobre
Vania e [and] José Roberto Marinho
Vera Lucia dos Santos Diniz

Patronos Prata [Silver Patrons]

Alessandra (in memoriam) e [and] Rodrigo Bresser-Pereira
Ana Eliza e [and] Paulo Setubal
Ana Karina Bortoni Dias e [and] Marcos Fernandes Navarro
Ana Lucia e [and] Sergio Comolatti
Ana Maria Igel e [and] Mario Higino Leonel
Ana Paula Capricho de Azevedo Motta e [and] Daniel Augusto Motta
Ana Paula e [and] Sergio Spinelli
Ana Paula Martinez e [and] Daniel K. Goldberg
Andrea e [and] José Olympio da Veiga Pereira
Andrea Pinheiro e [and] Newton Simões Filho
Beno Suchodolski
Carolina Aguiar e [and] Luís Paulo Saade Montenegro
Carolina e [and] Patrice Etlin
Cecília e [and] Abram Szajman
Cristiana e [and] Dan Ioschpe
Eduardo Salomão Neto
Fabiana e [and] Marcelo Marangon
Flávia Camanho Camparini e [and] Fabio José Camparini
Flavia e [and] Frank Geyer Abubakir
Janaina Dobbeck Fiorini e [and] Reinaldo Carlos Fiorini
Julio Roberto Magnus Landmann
Larissa Fortes de Almeida e [and] Denis Caldeira de Almeida
Lavínia e [and] Ricardo Setubal
Luiza e [and] Marcelo Hallack
Marguerite e [and] Jean Etlin
Maria Alice Setubal
Maria Eduarda e [and] Ricardo Brito Pereira
Maria Luiza e [and] Tito da Silva Neto
Marta e [and] Hecilda Fadel
Paula Pires Paoliello de Medeiros e [and] Marcelo Medeiros
Paula Proushan
Sandra e [and] José Luiz Setúbal
Sonia e [and] Luis Terepins
Sônia Regina Hess de Souza e [and] João Miranda de Souza Júnior
Stefania Pelusi Cestero e [and] Francisco Cestero
Thiago Saddi Tannous
Thomaz Srougi
Vera Alves de Lima Parreiras e [and] Luiz Paulo Parreiras
Vera Novis
Vera Sarnes Negrão
Vicente Furletti Assis
Vivian Jessica Blair Bigoni e [and] Marcio Verri Bigoni

Patronos [Patrons]

Alexandra Mollof
Alice e [and] Bruno Baptistella
Andrea e [and] Guilherme Johannpeter
Andréa e [and] Tom Waslander
Angela e [and] Ricard Akagawa
Antonia Bergamin e [and] Mateus Ferreira
Antonio Almeida e [and] Carlos Dale
Beatriz Yunes e [and] Carmo Guarita
Camila e Walter Appel
Daniela e [and] Helio Seibel
Daniela Johannpeter
Danielle Silbergleid e [and] Antônio Pitombo
Eduardo Saron
Eliana Finkelstein e [and] Eduardo Bueno Brandão
Fabio Magalhães
Fernanda e [and] Alberto Fernandes
Fernanda Feitosa e [and] Heitor Martins
Gabriela e [and] Adriano Borges
James Acacio Lisboa
Jean Martin Sigrist Jr.
Jo an e [and] Jackson Schneider
Juliana Freitas Calheiros e [and] Grenfel Schwartz Calheiros
Liane e [and] Roberto Bielawski
Luiz Carlos Schmidt Ritter e [and] Clelio da Costa Alves
Márcia Fortes, Alessandra D'aloia e [and] Alex Gabriel
Maria Angela e [and] Roberto Klabin
Mariana Guarini Berenguer
Marina e [and] Marcos Gouvêa
Marjorie e [and] Geraldo Carbone
Marta e [and] Paulo Kuczynski
Max Perlingeiro
Milton Goldfarb
Monize Neves e [and] Ricardo Vasques
Nara, Alexandre e [and] Daniel Roesler
Neide Helena de Moraes
Neyde Ugolini de Moraes
Paula Bellini Garcia Pagano e [and] Daniel Monteiro Pagano
Paula Depieri
Paulo Donizete Martinez
Paulo Saad Jafet
Priscilla e [and] Marcelo Parodi
Pedro Mendes Ciruffo
Raquel e [and] Marcio Kogan
Renata Bittencourt
Renata de Paula David
Renata Tubini
Ricardo Ohtake
Roberta Mendes Pereira Whately e [and] Wagner Dias Coelho
Sabina e [and] Abrão Lowenthal
Salo Seibel
Sandra e [and] William Ling
Silvano Gersztel
Sílvia Teixeira Penteado
Silvio Tini de Araújo
Sonia e [and] Paulo de Barros Carvalho
Thaissa e Alexandre Bertoldi
Thalita Cefali Zaher
Titiza Nogueira e [and] Renata Nogueira Beyruti
Ulisses Eliezer Simonetti Cohn e [and] Flavio Isaias Simonetti Cohn
Vilma Eid

JOVENS PATRONOS [YOUNG PATRONS]

Jovens Patronos Prata [Silver Young Patrons]

André Montanholi Mileski
Eliza Correa de Almeida Nobre
Francisco Fernando Correa de Almeida Nobre
Gabriela Azevedo Forlin
Luiz e [and] Ludwig Danielian
Marcela e [and] Alfredo Nugent Setubal

Jovens Patronos [Young Patrons]

Abrão Coelho
Alessandra e Guilherme Simões de Assis
Ana Carolina de Souza Weege e [and] Guilherme Weege
Ana Clara Medeiros de Almeida
Ana Luiza Tesser Arguello e [and] Ary Cera Zanetta Neto
Ana Varella e [and] Samuel Varella Pedrosa
Anne Carolline Wilians
Arthur Jafet
Beatriz Viabone e [and] Thomaz Henrique Pacheco
Camila Baldasso Faleck e [and] Diego Faleck
Camila Stolf Toledo e [and] Antonio Certain Toledo
Camila Yunes e [and] Conrado Mesquita
Candido de Azeredo Gomes e [and] Deyllison Cintra de Melo

Carolina da Costa Carvalho e [and] Luiz Carlos da Costa Carvalho Jr.
Caroline Ficker
Clara Roorda e [and] Ivan Iais
Dante Alberto Jemma Cobucci
Edmar Pinto Costa
Fabio Pinheiro Molina e [and] Lucas de Carvalho Tironi
Felipe Calil de Melo e [and] Julia Suslick
Felipe Hegg e [and] William Heuseler
Fernanda Resstom e [and] Maya Messina
Gabriel Affonso Ferreira
Guilherme Nagel e [and] Eduardo Cherez Pavia
Guilherme Pesenti
Gustavo Nóbrega
Heloisa e [and] Amos Genish
Igi Lola Ayedun e [and] Asole Adelakin de Faria Mello
João Paulo Siqueira Lopes e [and] Fernando Ticoulat
Juan Eyheremendy
Juliana e [and] Leonardo Gonzalez
Juliana Schenkman Oizerovici e [and] Debora Schenkman Oizerovici
Juliana Versolato dos Santos e [and] Raphael de Almeida Fonseca
Leilane Sabatini e [and] Felipe Sabatini
Leonardo Lopes Rocha Leite
Lia e [and] Ricardo Pedro Guazzelli Rosario
Lívia e [and] Gustavo Harich
Lucas Danicek Borges
Lucas Marques Pessôa
Luis Eduardo Sanchez Maluf
Luiz Augusto de Souza Campos Junior e [and] Caio Rocha Correa
Marcela Caio
Marcela Levy Zilberberg e [and] Eduardo Zilberberg
Marcelo Padua Lima
Marcelo Vicintin
Maria Gabriela Barreto Martins Cunha e [and] Gustavo Silveira Cunha
Maria Rita Drummond e [and] Rodolfo Barreto
Mariah Rios Rovery José e [and] Mayara Rovery
Marina Buendia e [and] Kiki Mazzucchelli
Mirella Havir Ramaccioti e [and] Diego Puerta
Nathalie Felsberg
Paula e [and] Bruno Rizzo Setubal
Rafael Moraes
Renata Alice Lobo Lisboa
Ricardo Von Brusky e [and] Luiz Felipe Naccarato Ferreira de Camargo
Roberta Romiti Delgado e [and] Luiz Delgado
Rodrigo Hsu Ngai Leite
Sofia Derani
Stephanie Schultz Wenk e [and] Gabriel Sauer
Susanna Crestani e [and] Marco Kheirallah
Thais Abujamra Nader e [and] Luiz Starace Fonseca Ayres Pimentel
Thomas Ondracek Lemouche e [and] André Donato Mathias
Victoria Zuffo e [and] Paulo Kassab Jr.

PARCEIRO ESTRATÉGICO [STRATEGIC PARTNER]
Itaú

PATROCINADORES MASTER [MASTER SPONSORS]
B3
Bradesco
Citi
Klabin
Renner
Vivo
Volkswagen Financial Services

PATROCINADORES [SPONSORS]
Akzonobel
Biolab Farmacêutica
Bloomberg
Braskem
Deloitte
Enel
Goodyear
Lefosse
Mattos Filho
Mckinsey & Company
Morgan Stanley
Unipar

APOIADORES [SUPPORTERS]
American Express
AT&T
Banco Votorantim
Chanel
Cimed
Credit Suisse
FIT
Fundação Grupo Volkswagen
Greenyellow
Kaspersky
Tallento Gerenciadora

EMPRESAS PARCEIRAS [PARTNER COMPANIES]
Poliedro Educação
Racional
Singulare

PARCEIROS DE MÍDIA [MEDIA PARTNERS]
ASRMídia
Boxnet
Buzzmonitor
Canal Arte1
Cult
Harper´s Bazaar
JCDecaux
Revista 451
Revista Piauí
Zanzar

Todos os esforços foram feitos para que a menção a nossos patrocinadores, conselheiros, patronos, jovens patronos e membros do International Council fosse publicada de forma correta. Caso algum erro tenha ocorrido, por favor informe-nos; nos comprometemos a corrigi-lo em futuras edições.

[Every effort has been made for the mentions of our sponsors, board members, patrons, young patrons, and members of the International Council to be published correctly. If there is any error, please inform us, and we promise to correct it in future editions.]

DIRETORIA ARTÍSTICA [ARTISTIC BOARD]

Adriano Pedrosa
Diretor artístico [Artistic Director]

ACERVO E CONSERVAÇÃO [COLLECTION AND CONSERVATION]
Fernanda D'Agostino
Aline Assumpção
Caetano Goulart
Camila Zanon Paglione
Juliana Batista
Juliana Peixoto
Nalú Maria de Medeiros
Paula Coelho Lima
Taynara Lima
Tereza Moura
Rebeca Felipe **(estágio [internship])**

CENTRO DE PESQUISA [RESEARCH CENTER]
Adriana Villela
Beatriz Yoshito
Bruno Mesquita
Pamella Mazucatto
Rodrigo Akio
Sara Jesus
Evandro Lima (estágio [internship])
Gustavo Bastos (estágio [internship])
Milene Lee (estágio [internship])

COMUNICAÇÃO E MARKETING [COMMUNICATION AND MARKETING]
Thais Gouveia
Amanda Sammour
Amanda Dias
Bárbara Catta
Bruna Sade
Daniela Nunes
Guilherme Paccola
Laura Jabur

Leandro Muniz
Assistente curatorial [Curatorial Assistant]

Nina Nunes
Beatriz Ferro (estágio [internship])
Júlia Maurano (estágio [internship])

CURADORIA [CURATORS]

Edson Kayapó
Curador-adjunto de arte indígena [Curator-at-large of Indigenous art]

Kássia Borges Karajá
Curadora-adjunta de arte indígena [Curator-at-large of Indigenous art]

Renata Tupinambá
Curadora-adjunta de arte indígena [Curator-at-large of Indigenous art]

Julia Bryan-Wilson
Curadora adjunta de arte moderna e contemporânea [Curator-at-Large of Modern and Contemporary Art]

Marcia Arcuri
Curadora adjunta de arte pré-colombiana [Curator-at-Large of Pre-Columbian Art]

* Lista dos doadores internacionais [List of international donors]: Friends of MASP e [and] International Council.

María Inés Rodríguez
Curadora adjunta de arte moderna e contemporânea
[Curator-at-Large of Modern and Contemporary Art]

Regina Teixeira de Barros
Curadora coordenadora e curadora do acervo
[Coordinating Curator and Curator of Collections]

Fernando Oliva
Curador [Curator]

Isabella Rjeille
Curadora [Curator]

Amanda Carneiro
Curadora assistente
[Assistant Curator]

Guilherme Giufrida
Curador assistente
[Assistant Curator]

Laura Cosendey
Curadora assistente
[Assistant Curator]

Matheus de Andrade
Assistente curatorial
[Curatorial Assistant]

Danilo Cavalcante
(estágio [internship])
Roger Gaspar
(estágio [internship])

EDITORIAL
[PUBLISHING]
Carol Ribas
Adriana Rodrigues
Ana Beatriz Brayner
Bruno Rodrigues
Leonardo Rodrigues
Mariana Trevas
Felipe de Souza
(estágio [internship])

EXPOGRAFIA
[EXHIBITION DESIGN]
Juliana Ziebell
Flora Gurgel

MEDIAÇÃO E PROGRAMAS PÚBLICOS
[MEDIATION AND PUBLIC PROGRAMS]

André Mesquita
Curador [Curator]

Glaucea Helena de Britto
Curadora assistente
[Assistant Curator]

Daniela Rodrigues
Assistente curatorial
[Curatorial Assistant]

David Ribeiro
Assistente curatorial
[Curatorial Assistant]

Carlos Henrique Martins
(estágio [internship])
Isabella Moraes
(estágio [internship])

PRODUÇÃO DE EXPOSIÇÕES
[EXECUTIVE PRODUCTION]
Marina Moura
Ana Cristina Souza
Kassandra Lemos
Jacson Trierveiler
Maicon Ferreira
Maíra Cessa
Maria Rosalem
Marília Amorim
Matheus Gumerato
Victória Dirotildes
(estágio [internship])
Gabriel Belvis
(estágio [internship])

DIRETORIA FINANCEIRA E DE OPERAÇÕES
[FINANCE AND OPERATIONS BOARD]

Marcelo Ribeiro
Diretor financeiro e de operações
[Finance and Operations Director]

FINANCEIRO
[FINANCE AND ACCOUNTING]
Mary Matsumura
Alessandra Silva
Alife Cardoso
Ana Paula Moreira
Bruno Araújo
Franciele Cruz
Francisco Rodrigues de Sousa
Heloiza Duarte
Jefferson Sousa
João Paulo Gonçalves
Kauany Viega
Lucas Doratiotto
Marina Kolm Sgnotto
Marta Nunes
Patrícia Martinez
Paulo César Mafra de Matos
Reinaldo Menezes Patrício
Tânia Aparecida Souza
Davison Cruz
(estágio [internship])
Gabriel Soares
(estágio [internship])

INFRAESTRUTURA
[INFRASTRUCTURE]
Marcela Camargo
Abmario Eunilio da Silva
Adeilton dos Santos Gomes
Amanda Arantes
Antônio José dos Santos
Brenda Vieira
Dionísio Ortiz
Fábio Silva
Francisco Robilson Lima da Silva
Gilberto de Sousa Bezerra
José Nolasco Santana
Luiz Aparecido dos Santos

Matheus Salinas
Natanael Oliveira
Rômulo Alberto de Oliveira
Severino Cassiano Lopes
Mikaele Oliveira (estágio [internship])

JURÍDICO [LEGAL]
Mariana Luvizutti
Nicole El Murr
(estágio [internship])

MASP LOJA
[MASP STORE]

Adélia Borges
Curadora adjunta MASP Loja
[Curator-at-Large MASP Store]

Alexsandro Silva
Abraão Rangel
Alailson Melo
Camila Gomes
Deise Lopes
Lohanne Villela
Maíra Carvalho
Mariana Rudiniski
Raphael Ottoni
Tobias Nunnes
William Ferreira

OPERAÇÕES [OPERATIONS]
Karina Del Papa
Agnes Karine Souza
Allan Lafitte
Aline Lima
Ana Cecília Souza
Andressa Silva
Antonio de Souza Matos
Bruno Orsini
Christiane Flores
Clayton Gonçalves Andrade
Cosmes Magalhães
Damião Barreto da Silva
Darlan Lopes
Domingos de Jesus dos Santos
Edson Andrade Jesus
Elaine Matias
Elis Fabro Barreira
Everton Silva
Fabiula Lima
Fernanda dos Santos
Flavia Giaconto
Francisco Soares Silva
Gabrielle Ferreira
Geovanna Brandão
Hilderlane Oliveira
Gustavo Alves
Jailson Silva Neres
Jéssica Coutinho
José Pereira da Silva
Lucas Modaneze
Larissa Miranda
Luciano Oliveira
Maiara Santos
Marcello Israel
Marcelo Nascimento
Márcia Batista
Marion Novais
Rafael Aguiar
Robinson Xavier Barbosa
Rodolfo Toledo Nogueira
Rodrigo Ferreira

Sidiclei dos Santos
Silvano Ferreira
Susana da Silva Morales
Tainá Oliveira
Thainá Silva
Thais Domingues
Thatielly Vidal
Vinícius Flauaus
Wanda Mirabile

PROJETOS E ARQUITETURA
[PROJECTS AND ARCHITECTURE]
Miriam Elwing
Leonardo Andrade
Marco Scriboni
Ricardo Yamanashi

PLANEJAMENTO ESTRATÉGICO
[STRATEGIC PLANNING]
Fernanda Ferraz Bonini
Victor Serra Lima
Natalie Holzer

RECURSOS HUMANOS
[HUMAN RESOURCES]
Renata Tavares
Dannyele Cavalcante
Henrique Rodrigues
Kátia Gomes

SECRETARIA
[SECRETARIAL OFFICE]
Paula Zoppello
Débora Ferreira
Iago Miguel da Silva

DIRETORIA DE RELAÇÕES INSTITUCIONAIS
[DEVELOPMENT BOARD]

Carolina Rossetti
Diretora de Relações Institucionais
[Development Director]

PATROCÍNIOS E PROJETOS INCENTIVADOS
[SPONSORSHIPS AND TAX INCENTIVE PROJECTS]
Gabriel Di Pietro de Camillo
Brenda Koschel de Farias
Danilo Machado
Letícia Petean

PROJETOS PARA PESSOA FÍSICA [NATURAL PERSON PROJECTS]
Camila Mello
Gabriela Novaes
Jussara Nascimento
Marina Rebouças
Júlia Medeiros
(estágio [internship])
Noemia Braz
(estágio [internship])

NOVOS PROJETOS
[NEW PROJECTS]
Manuela Errera

CARMÉZIA EMILIANO: A ÁRVORE DA VIDA
THE TREE OF LIFE

MASP, 24.3 – 11.6.2023
[March 24 – June 11, 2023]

EXPOSIÇÃO
[EXHIBITION]

ACERVO E CONSERVAÇÃO
[COLLECTION AND CONSERVATION]
Aline Assumpção
Caetano Goulart
Camila Zanon Paglione
Fernanda D'Agostino
Juliana Batista
Juliana Peixoto
Nalú Maria de Medeiros
Paula Coelho Lima
Rebeca Felipe
Taynara Lima
Tereza Moura

CENTRO DE PESQUISA
[RESEARCH CENTER]
Adriana Villela
Beatriz Yoshito
Bruno Mesquita
Evandro Lima
Gustavo Bastos
Milene Lee
Pamella Mazucatto
Rodrigo Akio
Sara Jesus

COMUNICAÇÃO E MARKETING
[COMMUNICATION AND MARKETING]
Amanda Dias
Amanda Sammour
Bárbara Catta
Beatriz Ferro
Bruna Sade
Daniela Nunes
Guilherme Paccola
Júlia Maurano
Laura Jabur
Leandro Muniz
Nina Nunes
Thais Gouveia

CURADORIA
[CURATORS]
Amanda Carneiro

Estágio [internship]
Danilo Cavalcante

DESIGN GRÁFICO
[GRAPHIC DESIGN]
Bruna Sade

EXPOGRAFIA
[EXHIBITION DESIGN]
Flora Gurgel
Juliana Ziebell
Wilson Cogrossi

ILUMINAÇÃO
[LIGHTING DESIGN]
Fernanda Carvalho

MONTAGEM
[ART HANDLING]
Anderson Wilke
Juliana Peixoto
Leandro Araujo
Mauro Nagase
Rafael Filipe
Ricardo Firmino

PREPARAÇÃO, REVISÃO E TRADUÇÃO
[COPYEDITING, PROOFREADING, AND TRANSLATION]
Ivan Sousa Rocha

PRODUÇÃO DE EXPOSIÇÕES
[EXECUTIVE PRODUCTION]
Ana Cristina Souza
Gabriel Belvis
Jacson Trierveiler
Kassandra Lemos
Maicon Ferreira
Maíra Cessa
Maria Rosalem
Marília Amorim
Marina Moura
Matheus Gumerato
Victória Dirotildes

CATÁLOGO [CATALOGUE]

CONSULTORIA EDITORIAL
[EDITORIAL CONSULTING]
Karen Marta Editorial Consulting

COORDENAÇÃO EDITORIAL
[EDITORIAL COORDINATION]
Bruno Rodrigues
Carol Ribas
Felipe de Souza
Mariana Trevas

DESIGN GRÁFICO
[GRAPHIC DESIGN]
Bruna Sade

ORGANIZAÇÃO EDITORIAL
[EDITOR]
Amanda Carneiro

PREPARAÇÃO E REVISÃO
[COPYEDITING AND PROOFREADING]
Mór Madden
Rafaela Biff Cera
Regina Stocklen

PRODUÇÃO EDITORIAL
[EDITORIAL PRODUCTION]
Adriana Rodrigues
Ana Beatriz Brayner
Leonardo Rodrigues

PRODUÇÃO GRÁFICA
[PRINTING CONSULTANT]
Acássia Correia Silva

TRADUÇÃO [TRANSLATION]
Adriana Francisco
Lívia Prado Martins

TRATAMENTO DE
IMAGENS E IMPRESSÃO
[IMAGE PROCESSING
AND PRINTING]
Ipsis Gráfica e Editora

TIPOGRAFIA [FONTS]
PP Woodland e
[and] Haffer XH

PAPÉIS [PAPERS]
Munken Lynx Rough 120 g/m²
e [and] Couché 150 g/m²

CRÉDITOS DAS IMAGENS
[IMAGES CREDITS]
Rodrigo Guedes da Silva: 1, 2, 23, 29, 44, 87
Bruno Pacheco de Oliveira: 3
Eduardo Ortega: 4, 16, 24, 47, 57, 61
Roumen Koynov: 5, 30-33, 36, 38, 41, 45, 48-50, 54, 58, 62, 68-70, 72-76, 78, 79, 83, 85
Yacunã Tuxá: 6
Alexandre Leão: 7
Estudio em Obra: 8, 46, 56
Daniel Cabrel: 9, 27, 35, 71, 81, 82, 84, 86
Cambridge University Library 10
MAK/Georg Mayer 11
SESC 12
Jean Peixoto: 13, 34, 37, 39, 40-43, 51-53, 63, 66, 77
Isabella Matheus: 14, 15, 21, 22, 64, 65
Heritage Image Partnership Ltd/ Alamy Stock Photo: 17
Acervo do Museu da Amazônia – Musa: 18, 20
Museu Paulista USP/José Rosael: 19
The J. Paul Getty Museum Los Angeles: 25
Sergio Guerini: 26
Edson Kumasaka: 28
Ana Pigosso: 59, 80, 88
Pepe Schettino: 60, 67

LEGENDAS ADICIONAIS
[ADDITIONAL SUBTITLES]

Capa [Cover]:

Carmézia Emiliano
Wazaká — Árvore da Vida
[Wazaká—Tree of Life], 2022
img. 29

Dados Internacionais de Catalogação na Publicação (CIP)

M986ce
Museu de Arte de São Paulo Assis Chateaubriand
Carmézia Emiliano: a árvore da vida = Carmézio Emiliano: The Tree of Life / curadoria Amanda Carneiro; organizadores Adriano Pedrosa e Amanda Carneiro; textos Amanda Carneiro, Ilana Goldstein, Denilson Baniwa.
São Paulo: MASP, 2023.
166 pp., 88 il. color.

Edição bilíngue
ISBN 978-65-5777-034-4
Catálogo da exposição realizada em São Paulo, no MASP, de 24/03/2023 a 11/06/2023
1. Emiliano, Carmézia (1960–). 2. Arte Indígena Contemporânea. 3. Artistas Mulheres.
I. Carneiro, Amanda. II. Pedrosa, Adriano.
III. Goldstein, Ilana. IV. Baniwa, Denilson.
V. Título.
CDD 709.81

Bibliotecária: Sara Ferreira, CRB 8-9366

MASP MUSEU DE ARTE DE SÃO PAULO ASSIS CHATEAUBRIAND

Avenida Paulista, 1578
CEP 01310-200 São Paulo, Brasil
www.masp.org.br
info@masp.org.br

ISBN 978-65-5777-034-4

O MASP, museu diverso, inclusivo e plural, tem a missão de estabelecer, de maneira crítica e criativa, diálogos entre passado e presente, culturas e territórios, a partir das artes visuais. Para tanto, deve ampliar, preservar, pesquisar e difundir seu acervo, bem como promover o encontro entre públicos e arte por meio de experiências transformadoras e acolhedoras.

MASP, a diverse, inclusive, and plural museum, has the mission to establish, in a critical and creative way, dialogues between past and present, cultures, and territories, through the visual arts. To this end, it should enlarge, conserve, research, and disseminate its collection, while also promoting the encounter between its various publics and art through transformative and welcoming experiences.